AF302393

Richard Wagner et la France

Écrits révolutionnaires et correspondances

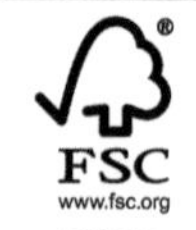

Richard Wagner et la France

Écrits révolutionnaires
et correspondances

Textes choisis et présentés par Thierry Galibert

figures de l'engagement

transbordeurs

© 2024 **transbordeurs**

transbordeursediteur@gmail.com

Édition : BoD * Books on Demand GmbH, In de Tarpen 42, 22848 Norderstedt (Allemagne)

Impression : Libri Plureos GmbH, Friedensallee 273, 22763 Hamburg (Allemagne)

Illustration d'après Auguste Préault et Antoine Bourdelle

ISBN : 978-2-3224-7734-0

Dépôt légal : septembre 2024

Présentation

Pour comprendre les liens entre Richard Wagner et la France car ils conditionnent ses écrits révolutionnaires, il faut d'abord établir leur soubassement. Dans *Ma Vie* le compositeur écrit en effet de son rapport à la « *Révolution* » qu'il fut originellement français : « *Dans ce domaine, ma première impression datait de ma jeunesse, avec la Révolution de Juillet* », les Trois Glorieuses parisiennes de 1830, de plus lorsqu'il apprend en février 1848 « *que Louis Philippe avait pris la fuite et que la République avait été proclamée à Paris* » il conclut : « *L'excitation finit par me gagner.* » Comme en bien des pays européens à partir du mouvement enclenché à Paris, il s'intéressera alors à la révolution prussienne de 1848, sauf qu'il n'en fut pas de toutes les Révolutions de 1848 en Europe comme en France après celles de 1789 et de 1830, surtout pour prétendre que le pays a connu un « Printemps des peuples ». Si, dans les termes du poète polonais Adam Mickiewicz, « *la liberté des peuples* » est « *l'indépendance, l'intégrité et la liberté de notre patrie* », la Pologne était alors partagée entre l'Autriche, la Prusse et la Russie, dès lors son insurrection pour asseoir son indépendance contre la Russie en 1830 n'a rien de commun avec les Trois Glorieuses, de même celle de 1848 contre la Prusse – quand Wagner s'intéresse à sa Révolution interne.

Or, dans le contexte français, après leur avoir interdit le 12 mai 1848 de venir lire des pétitions à sa barre, le 15 l'Assemblée constituante française est envahie par des clubs politiques avec, dans leurs rangs, des réfugiés Polonais, précisément afin d'en déposer une en faveur de la Pologne. Au nom de « *Vive la Pologne* » et de « *Vive la République démocratique* », comme si les deux étaient liées, s'ensuit la proclamation par les insurgés de la dissolution de l'Assemblée, preuve d'une opposition à l'issue politique de la Révolution de février. De fait en mars, via un message diplomatique, le ministre des affaires étrangères du gouvernement provisoire, Alphonse de Lamartine, avait tenu à rassurer les puissances étrangères : « *Le proclamation de la République française n'est un acte d'agression contre aucune forme de gouvernement dans le monde. Les formes de gouvernement ont des diversités aussi légitimes que les diversités de caractère, de situation géographique et de développement intellectuel, moral et matériel chez les peuples.* » C'était le prolongement du principe de la Constitution de 1791 qui avait rompu avec la monarchie : « *La Nation française renonce à entreprendre aucune guerre de conquête et n'emploiera jamais ses forces contre la liberté d'aucun peuple.* » La Révolution de 1789 reconnaissait en effet la seule guerre de défense utile quelques mois plus tard afin de se protéger elle-même, d'ailleurs Lamartine précisait : « *La guerre n'est donc pas le principe de la République française, comme elle devint la fatale et glorieuse nécessité de 1792* », soit la guerre contre les monarchies étrangères coalisées contre elle. Oui donc au droit des peuples à disposer d'eux-mêmes dans une approche relativiste des régimes gouvernementaux, mais non au droit d'ingérence en faveur de la Pologne alors que la France est puissance coloniale et l'Algérie, encore en 1848, un territoire régi selon les lois de sa République.

Il faut alors prendre appui sur la centralisation française, sa spécificité en Europe depuis la monarchie, mais renforcée sous la Révolution ce qui explique la revendication de la « République démocratique » en 1848. D'abord, en 1789, contre les États Généraux porteurs des cahiers de doléances, elle institua des députés de la Nation, non des conscriptions, de là le principe édicté en 1791 par le marquis de Condorcet : « *Mandataire du peuple, je ferai ce que je verrai conforme à ses vrais intérêts : il m'a envoyé non pour soutenir ses opinions, mais pour exprimer les miennes ; ce n'est point à mon zèle, mais à mes lumières qu'il s'est confié et l'indépendance absolue de mes opinions est un de mes devoirs envers lui.* » L'indépendance est le monopole du représentant non celui du peuple. Ensuite, dans la même logique, l'abbé Grégoire systématisa en 1794 l'ordonnance monarchique de Villers-Cotterêts qui, imposée par François Ier, avait institué en 1539 une langue juridique unique, la finalité révolutionnaire était d'« *uniformiser le langage* » pour « *fondre tous les concitoyens dans la masse nationale* », mot « *masse* » que l'abbé utilisait étonnamment comme synonyme de « *peuple* ». Quand il se manifestera, le nationalisme français s'expliquera alors par l'unicité de la « *masse* » représentée à Paris.

À son origine, la centralisation politique de la monarchie, y compris dans son aspect linguistique, la francisation par la langue parlée dans la capitale, ne se comprend pas sans la domination territoriale exercée au travers d'un château du Louvre qui, fondé par Philippe-Auguste, en devient l'emblème au sein d'une ville fortifiée contre l'extérieur. Dès lors, avant tout du fait des impôts royaux qui se surajoutaient à ceux de nobles, mais également des lois écrites en français à compter de 1539, elle n'eut pas lieu sans heurts avec des peuples distincts : les communautés paysannes de Bretons, d'Occitans, etc… qui composaient le territoire avec des langues et des coutumes qui régissaient le quotidien. Cependant les nobles, dont les Frondes avaient pour finalité de contester le pouvoir monarchique à leur profit, récupéraient souvent ces révoltes. S'ensuivra que le français, devenu la langue de communication de toute la nation, la seule langue vivante, les tentatives de restauration des langues régionales à compter du XIXe siècle confineront à un repli identitaire de type nationaliste. À l'inverse, le vœu d'un français « *langue de la liberté* » de l'abbé Grégoire pourra se retrouver, bien plus tard, chez des peuples anciennement colonisés qui revendiqueront le français contre leurs langues originaires devenues oppressives par l'intrication du religieux et du politique.

Néanmoins, dans son histoire colonisatrice post-révolution-
naire, la France fut toujours en conflit avec le *droit des peuples à disposer d'eux-mêmes*, avant tout à cause du rétablissement par Napoléon de l'esclavage aboli par la Révolution. Mais la France appliquait
surtout son centralisme à la colonisation, c'est ainsi qu'elle reprodui-
sit en divers endroits du globe le principe de l'annexion intérieure des
peuples de paysans et, avec l'impérialisme napoléonien, ce qu'il faut
bien appeler la *colonisation* des peuples européens. La pratique étant
la même : annexer le conquis au territoire du conquérant, le Ier Empire
verra, outre dans les colonies, la révolte des peuples s'exprimer, notamment dans la Prusse de Wagner après la victoire d'Iéna en 1806,
au travers du *Discours à la Nation allemande* de Johann Gottlieb
Fichte qui, d'essence patriotique, devient nationaliste contre Napoléon qu'il appelle « *l'homme sans nom* ». Ce *Discours* de 1808 intéresse, dans ces pages, car son apologie de la légitime défense s'y manifestait par son mépris du peuple berlinois inerte : « *Ici et là,
l'égoïsme, en se développant et en s'évanouissant, s'est détruit lui-
même en perdant ce qui constitue le soi-même et l'indépendance et,
comme il ne voulait pas se donner d'autre but que lui-même, il se vit
obligé d'accepter un but extérieur, imposé par une force étrangère.* »
Bien lire Fichte consisterait alors à le transposer, inversé, en 1940,
dans la France du régime de Vichy et de la collaboration alors que, à
l'exact opposé philosophique, toujours après Iéna, Friedrich Hegel
glorifiait Napoléon : « *Jamais on ne vit de plus grandes victoires ni
d'expéditions plus géniales.* » Lorsque ce philosophe passe encore
pour un militant de l'universalisme, il ne l'envisageait qu'impérialiste
et il annonçait alors l'idolâtrie de Friedrich Nietzsche : « *Napoléon,
cette synthèse d'inhumain et de surhumain* », était « *une force ma-
jeure de génie et de volonté* ».

Pour se situer dans une approche musicale, tel Fichte Ludwig
van Beethoven musicien engagé adhéra à la Révolution de 1789 soit
à la liberté universelle, au républicanisme qui le rendit suspect dans

son propre pays et contre toute les oppressions comme celle qu'il mit en scène en 1814, dans son opéra *Fidelio*, au travers d'une pièce française *Léonore ou l'amour conjugal*. De là, il faut remonter le temps, non pour évoquer le concerto pour piano dit « l'Empereur » puisqu'en 1809 il sera dédié à l'archiduc Rodolphe d'Autriche, mais la troisième symphonie de 1804. Wagner le notera en 1870 : « *Le Maître a tout d'abord conçu la* Symphonie Héroïque *comme un hommage au jeune Bonaparte et a orné du nom de ce dernier le frontispice de l'œuvre puis, plus tard il a rayé ce nom en apprenant que Bonaparte s'était fait empereur* » afin de rompre avec la tradition monarchique d'un couronnement papal, au mépris de la présence de Pie VII. Beethoven dédiera alors son œuvre « *à un grande homme* » anonyme et sa conception de l'héroïsme se juge encore à l'aune de Hegel qui écrivait en 1813 : « *Napoléon, sur le théâtre du monde, a été l'image classique du héros* », alors que le compositeur avait expliqué son engagement au nom des avancées de 1789 : « *Il n'est donc qu'un homme ordinaire ! Maintenant, il foulera aux pieds tous les* droits de l'homme ; *il sera l'esclave de son ambition ; il se mettra au-dessus de tous et deviendra un tyran.* »

La colonisation de l'Europe par Napoléon conduit à considérer que le Printemps des peuples était d'esprit anti-français cependant, après son abdication et l'amputation de la France par le Traité de Paris la même année 1815, ce sont avant tout les révolutions au sein de l'Empire d'Autriche-Hongrie qui doivent être ainsi qualifiées. Dit *des* Peuples, ce Printemps impliquait un ferment patriotique fondé sur des langues et des cultures distinctes et, avant tout, sur la volonté de reprendre la main politique sur les territoires conquis par l'extension d'un système de type féodal, le royaume centralisé français ayant été, à cet égard, l'agrégation de fiefs au bénéfice d'un monarque. Partant de la remarque de Mickicwicz : « *la liberté des peuples* », c'est « *l'indépendance* », les peuples sous le joug austro-hongrois étaient des

Polonais, des Hongrois, des Italiens, des Moraves et des Bohémiens de Bohème – non de quelque quartier Latin parisien ou de quelque opéra puccinien. Si, comme en témoignent les figures de ce Printemps : Mickiewicz en Pologne, Lajos Kossuth en Hongrie, Giuseppe Mazzini en Italie, l'Empire autro-hongrois fut ébranlé en 1848 par des insurrections patriotiques, il ne sera démantelé qu'à la fin de la Première Guerre mondiale, alors la Pologne et la Hongrie se proclameront Républiques.

En 1834, des polonais, des prussiens et des italiens avaient fondé le mouvement *Giovine Europa* ébauche de ce qui aurait pu devenir, non les « *États-Unis d'Europe* » rêvés par Victor Hugo à partir États-nations, mais l'Europe *des* peuples, car le mouvement ne s'adressait pas aux gouvernements, mais bien à « *tout peuple qui voudrait participer aux droits et aux devoirs de la fraternité établie entre les trois peuples fédérés* », soit *Giovine Polonia, Germania* et *Italia*. En l'occurrence, il faut prendre appui sur la figure de référence d'Alexandre Dumas et de George Sand : Giuseppe Garibaldi, né en 1807 à Nice alors français, mais italien de cœur depuis son rattachement à l'Italie en 1814 ce qui le conduira à combattre la cession de la ville par la monarchie italienne, en 1860, à Napoléon III, en échange de son aide militaire contre l'Autriche-Hongrie. Celui qui avait déjà participé aux côtés des chasseurs italiens des Alpes à la guerre de l'Italie contre l'Empire austro-hongrois, ne correspondait pas à la remarque de Jean-Jacques Rousseau condamnant les « *cosmopolites qui vont chercher au loin, dans leurs livres, des devoirs qu'ils dédaignent de remplir autour d'eux. Tel philosophe aime les Tartares, pour être dispensé d'aimer ses voisins.* » Cependant, le métis Dumas rapporte des propos entendus par Garibaldi qui sont presque devenus sa devise : « *L'homme qui, en se faisant cosmopolite, adopte l'humanité pour patrie et va offrir son épée et son sang à tout peuple qui combat contre la tyrannie, est plus qu'un soldat : c'est un héros* » – un anti-Napoléon hégélien. Grand voyageur, Garibaldi avait en effet exporté son patriotisme pour les peuples en Amérique latine, treize ans à compter de 1835, notamment en Uruguay où il était devenu commandant de la marine, à l'inverse, de 1861 à 1867, Napoléon III tentera d'installer un régime favorable aux intérêts français au Mexique. Bien après son engagement de 1860 contre ce dernier qui avait alors perdu la guerre contre la Prusse – de Wagner –, devenu presque français malgré lui, la IIIe République française naissante lui confiera, d'octobre 1870 à janvier 1871, le commandement de l'Armée des Vosges toujours contre la Prusse à qui il reprendra Dijon, puis il sera élu député à l'Assemblée nationale, sans s'être présenté, en février 1871. Enfin, il soutiendra la Commune de Paris « *parce qu'elle proclame la fraternité des hommes, quelle que soit la nation à laquelle ils appartiennent* », Commune qui lui demandera de commander sa Garde nationale, en vain car ce commandement devait selon lui être français.

Si Garibaldi permet de distinguer le patriotisme moteur de la guerre de défense et si nécessaire de reconquête populaire, d'un nationalisme de repli xénophobe ou raciste, sa postérité sera plus compliquée. Modèle des communistes anti-franquistes lors de la guerre d'Espagne au travers des « *troupes Garibaldi* », puis des communistes anti-fascistes italiens après la Seconde Guerre mondiale, son petit-fils Sante participera à la Fédération Française des garibaldiens de l'Argonne et combattra, à ce titre, contre l'occupant nazi jusqu'à être déporté à Dachau. À l'inverse, son frère Ezio sera interné pour fascisme par les alliés au camp de Padula, il avait occupé en 1925 la présidence de la Fédération Nationale des volontaires garibaldiens, puis la direction du périodique *Camicia rossa* destiné à intégrer les garibaldiens dans les chemises noires mussoliniennes. Rien de commun avec la révolution italienne de 1848 bien qu'elle ait laissé une formule « *fare un Quarantotto* » qui signifie une action qui produit le chaos, néanmoins Garibaldi avait été élu en 1849 à l'Assemblée de l'éphémère république romaine et, quand il militait pour l'unité italienne, c'était au nom du Printemps des peuples contre l'Autriche-Hongrie qui avait renforcé son annexion d'une partie de l'Italie du nord en écrasant ses insurrections comme elle le fit, parfois avec le soutien de l'armée russe, pour le Printemps des autres peuples de son Empire.

Quant au mouvement *Giovine Germania* il était, comme déjà indiqué, en plus de *Giovani Italia*, au fondement de *Giovine Europa* avec *Giovine Polonia* autrement dit un peuple avec langue et culture spécifiques en partie sous le joug du royaume prussien, ce qui explique le rattachement de son insurrection de 1848 au Printemps des peuples. L'essentiel est que, dans l'essai qu'il consacre à la guerre des paysans allemands du XVIe siècle contre leurs féodaux, écrit en 1850 après les révolutions européennes puis complété en 1874, Friedrich Engels souligne que la Prusse est « *encore un État mi-féodal* » qui doit « *se décider à en finir avec ses nombreux restes de féodalité* » et d'ajouter : « *Si nous devenons tous assez vieux, nous pourrons peut-être voir, en 1900, que le gouvernement de Prusse a vraiment supprimé toutes les institutions féodales, que la Prusse est arrivée enfin au point au point où en était la France en 1792.* » D'une certaine façon, ce contexte est celui de la participation de Wagner à l'insurrection de Dresde de 1849, un discours de juin 1848 en atteste, de plus dans son écrit révolutionnaire *L'Œuvre d'art de l'avenir* écrit la même année 1849 mais publié en 1850, il manifeste des idées qui pourraient procéder du mouvement ouvrier tel qu'il existait en France depuis ces Trois Glorieuses qui auraient provoqué son déclic révolutionnaire, il y soutient en effet « *les associations libres de l'avenir* ». Cependant, si l'insurrection s'explique par des décisions anti-démocratiques du roi Frédéric-Auguste II de Saxe, Wagner appelle la Saxe « *ma patrie* » et, il l'écrit, il est alors « *maître de la chapelle royale* » dudit roi. Par ailleurs, il participe à l'insurrection aux côtés de Mikhaïl Bakounine qu'il présente avec admiration comme le « *membre d'une grande famille russe* » ou, selon les termes de Cosima Wagner dans son *Journal* tel « *un sauvage et un grand seigneur.* »

La révolution selon Wagner suppose alors de se référer à son écrit précédent *L'Art et la révolution* publié en 1849, toujours l'année de l'insurrection, car les valeurs qu'il y soutient sont édifiantes : « *Seuls les hommes forts connaissent l'Amour, seul l'Amour comprend la Beauté, seule la Beauté forme l'Art* » surtout, avec des accents pré-nietzschéens : « *L'amour du fort pour le faible est de la pitié et de l'indulgence, seul l'amour du fort pour le fort est de l'amour.* » Il s'ensuit que le projet supposé révolutionnaire repose sur cette maxime : « *Le but, c'est l'homme beau et fort : que la Révolution lui donne la Force, l'Art, la Beauté* », mieux encore : « *Un but beau et élevé, le but d'une noble humanité.* » Plus explicitement, l'élévation vers cette noblesse repose sur une éducation qui avait été celle de l'époque féodale : « *L'éducation, partant de l'exercice de la force, des soins de la beauté physique, deviendra essentiellement artistique.* » Le développement de la force étant donc la condition du reste, elle s'exprime dans le genre artistique qu'il adule, « *les tragédies* » dont il dit qu'elles sont les « *nobles œuvres* » grâce auxquelles se manifestera « *l'homme libre, fort et beau* » qui « *accomplira dignement et sublimement le grand sacrifice d'amour de sa mort* ». Ainsi, *l'homme nouveau* wagnérien est-il l'inverse de celui qui, en France, en 1789, se voulait le produit de l'éradication de la féodalité, la haine nietzschéenne de la Révolution française et son admiration pour la noblesse d'origine féodale rejoignant sa passion initiale pour les opéras wagnériens d'autant que cet écrit est également le référent apollinien et dionysiaque du philosophe. Au total, le lien entre le compositeur et le nazisme trouve en Nietzsche une sorte d'intermédiaire.

En 1869, exactement vingt ans après cet essai, Wagner se présentera en effet comme « *une individualité essentiellement germanique* » et sa participation aux événements de Dresde n'avaient rien de commun avec celle de Garibaldi lors du Printemps des peuples. D'abord, alors que Bakounine était panslaviste, il était pangermaniste, partisan du « *Saint-Empire* » romain germanique, aussi son *républicanisme* doit-il être lu, là encore, au travers de *L'Art et la ré-volution* qui prend appui sur l'invasion de l'Empire romain par les Germains. Dès 1849, il a posé la thèse qui sera au cœur de la régéné-ration mondiale par le nazisme, à l'opposé du sang cosmopolite de Garibaldi : « *Dans les veines malades du monde romain se répandit le sang sain des jeunes nations germaines, malgré l'adoption du Christianisme, un fort instinct d'activité, le goût des entreprises har-dies, une indomptée confiance en soi-même restèrent l'élément des nouveaux maîtres du monde.* » Ces considérations hégémoniques dé-coulent du mouvement nobiliaire européen de retour à la féodalité dont l'étape essentielle a été la découverte, à compter de 1472, de l'essai ensuite traduit dans toutes les langues et d'abord en allemand en 1473 : *La Germanie* que Tacite oppose aux vices de son monde romain. Il est manifeste que le « *sang sain* » dont parle Wagner pro-vient de cette remarque de l'historien : « *Je rejoins l'opinion de ceux qui estiment que les peuples de la Germanie, parce que leur sang n'a jamais été souillé par des mariages mixtes avec d'autres races d'hommes, en constituent une spécifique, sans mélange et semblable à aucune autre.* » Pour bien lire Wagner il faut ajouter que son projet d'une éducation moderne fondée sur la force trouve son fondement dans cette indication, toujours de 1849 : « *Le Germain était élevé en vue de la guerre et de la chasse* », mais sans rien dire de la hiérarchie familiale qui en découle chez Tacite : « *Quand ils ne vont pas à la guerre, la chasse retient une partie de leur temps, mais c'est l'oisiveté qui remplit leurs journées, car ils les emploient à dormir et à manger ; on voit ainsi les plus braves et les meilleurs guerriers rester inactifs et abandonner aux femmes, aux vieillards et aux membres les plus faibles de la famille le soin de la maison, des pénates et des champs.* » Si l'agriculture existe, c'est par division du travail, les hommes, pra-tiquant l'*oisiveté* qui sera la marque des féodaux, n'y ont aucune part, de surcroît le baron de Montesquieu, lui-même partie prenante du mouvement apologétique de la féodalité au XVIIIᵉ siècle, cite cette autre remarque de Tacite : « *Vous leur persuaderez bien moins de labourer la terre et d'attendre l'année que d'appeler l'ennemi et de recevoir des blessures* » car « *ils n'acquerrons pas par la sueur ce qu'ils peuvent obtenir par le sang* ». Ainsi, la remarque de Wagner sur les Germains élevés pour la guerre explique-t-elle l'extension, à leurs vaincus, du vol des fruits de leur travail ou de leurs terres, donc leur servitude. Quand Tacite relève « *la terreur qu'ils inspirent* », la raison est qu'« *un chef a besoin de faire régner la violence et la guerre pour entretenir de nombreux compagnons* » ct donc que ce sont « *les guerres et les pillages qui alimentent sa prodigalité* ». Lue à travers Tacite, l'apologie wagnérienne des Germains annonce alors son œuvre opératique fondée sur la féodalité, ce qui implique leur prolongement dans la hiérarchie féodale avec suzerains s'appropriant des terres qui deviennent des fiefs dont certains sont donnés, en guise de rémunération, à des milites-vassaux, le travail revenant aux serfs souvent, à l'origine, libres paysans détenteurs de ces terres. Karl Marx avait écrit : « *La bourgeoisie commence avec un prolétariat qui lui-même est un reste du prolétariat des temps féodaux* » et « *la structure économique capitaliste est sortie des entrailles de l'ordre économique féodal* », s'ensuit que toute analyse du capitalisme doit se fonder sur cette origine.

Il convient cependant de relativiser le lien établi entre invasion germaine et féodalité, le médiéviste Dominique Barthélémy rappelle que les Germains n'étaient pas « *les seuls ancêtres, biologiques ou spirituels, de la noblesse médiévale* ». Quand Tacite écrit : « *Les premières tribus qui traversèrent le Rhin et chassèrent les Gaulois portaient le nom de Germains* », en plus de la récupération féodale il ouvre la voie inverse du roman national français de « *nos ancêtres les Gaulois* » véhiculé dans les livres d'histoire de la IIIe République, roman né de la guerre de 1870 contre la Prusse au moins jusqu'à celle de 1914, la revanche qui permettra la reprise de l'Alsace et de la Lorraine. En 1932, rompant avec ce véritable roman, l'historien des

paysans français Gaston Roupnel rétablit la chronologie en partant de
« *l'envahisseur gaulois, avant-garde du monde germanique qui vient
du cliquetis de la première épée de fer* » : « *Au seuil des temps historiques qui commencent avec les premières invasions gauloises, la
communauté villageoise nous apparaît déjà dépouillée de ses droits
au bénéfice des maîtres à qui les temps vont donner carrière et pres-
tige nouveau.* » Le roman national français se gardait de le dire, né-
gligeant pour le coup un autre témoin d'époque, Jules César dans sa
Guerre des Gaules : « *Les chevaliers participent à la guerre. Chacun,
en proportion de sa richesse, rassemble autour de lui un nombre plus
ou moins grand de compagnons. Les gens du peuple sont presque des
esclaves. On ne leur demande jamais leur avis. Ils sont parfois écra-
sés par leurs dettes ou par les impôts.* » On peut ajouter que le grand
apologiste français de la féodalité du XVIIIe siècle, Henry de Boulain-
villiers, soutenait que « *les Gaulois étaient gouvernés par les nobles,
sous l'autorité de plusieurs rois particuliers, longtemps avant que
Jules César entrât dans le pays* » et il s'était même trouvé un féodal,
Henri Ier Montmorency, pour faire écrire par un juriste en 1571 un
essai généalogique intitulé *Montmorency Gaulois*, sorte de revendication de la primauté des Gaulois dans l'asservissement des paysans.

Tant il est évident, sauf à pratiquer un nationalisme d'extrême
droite, que le sang est le même en tous les êtres humains et qu'il est
aberrant de vouloir établir une filiation exclusivement gauloise dans
un territoire qui, après les conquêtes successives, a pratiqué des mé-
tissages entre peuples, au même titre que le roman national français le
germanisme du « *sang sain* » de Wagner procède de ce nationalisme.
Cependant, sa particularité est que, contrairement à la plupart des
compositeurs et plus largement des artistes qui diversifient leurs
sources d'inspiration, lui qui est le seul, en son temps, à cumuler
l'écriture des livrets de ses opéras et leur composition musicale, reste
viscéralement attaché au seul sujet qui l'intéresse : la germanité fondement de la féodalité. Dès lors, du point de vue de l'histoire, en plus

de la réalité décrite par Tacite, il s'inscrit dans celle des chroniqueurs médiévaux qui font largement état des exactions féodales que sont le vol des terres, donc la mise en servitude des paysans et leurs chroniques donnent alors corps aux remarques de Marx, mais elles expliquent surtout l'apologie wagnérienne de la force physique condition de la transformation du paysan en serf.

Se comprend alors pourquoi, masqués par la mythologie, les héros de Wagner n'ont jamais besoin, par le travail de la terre, de subvenir à leurs besoins alimentaires. Tout particulièrement, la quête du Saint-Graal, la coupe qui aurait conservé le sang du Christ crucifié et qui conférait la vie éternelle à son possesseur, culminant dans son *Parsifal*, est la preuve du caractère *hors sol* de chevaliers qui n'ont strictement rien de commun avec ceux de la réalité médiévale, sans compter ses nains et ses géants. Un seul mot convient alors : *mystification*, celle du spectateur par abus de sa crédulité, alors qu'en 1849 Wagner reprochait à la « *poésie chevaleresque* » son « *hypocrisie* », autrement dit de masquer « *l'abîme qui s'ouvrait entre la vie réelle et l'existence imaginaire, entre la conduite grossière, violente de ces chevaliers dans la vie matérielle et l'aspect idéalisé, ultra tendre, sous lequel on les représentait* ». S'il en rendait responsable le christianisme pour ensuite l'exploiter dans le Saint-Graal, son œuvre opératique future reposera précisément sur cette « *hypocrisie* » dont la base a déjà été indiquée en 1849 : la supposée « *vie réelle, sortie de mœurs populaires nobles et nullement dénuées de charme* ».

Barthélémy relève que la Germanie « *a l'air d'une féodalité vertueuse. Il n'y manque qu'un peu plus d'équitation, de mesure et d'équité pour que, déjà, la chevalerie y soit.* » Selon lui, la « *mutation chevaleresque* » date du XIIe siècle, mais elle doit être également lue, à la même époque, à l'opposé des chroniques médiévales, au travers du romanesque de Chrétien de Troyes et, justement, ses héros en quête du Saint-Graal annonciateurs du mysticisme fiévreux de ceux de

Wagner, s'ajoute leur sensiblerie romantique héritée de ceux de Walter Scott : leur défense des opprimés, pour ainsi dire de la veuve et de l'orphelin, toujours sans activité économique. Or la courtoisie qui en est le fondement, née de « *l'oisiveté* » indiquée par Tacite, procède d'une poésie qui, depuis son invention par Guillaume IX guerrier cumulateur de conquêtes de fiefs pour établir son Aquitaine, repose dans la réalité, selon son biographe Charles Payen, sur « *l'hédonisme charnel* », souvent au travers d'une analogie *poétique* qui consiste à « *animaliser la partenaire, réduite à l'état de monture et donc considérée comme un objet* ». Le médiéviste Georges Duby l'a écrit : « *On viole beaucoup dans les maisons nobles.* »

Le processus politique qui découle de ces remarques, dont l'essentiel tient à la *guerre* de conquête – y compris féminine –, a ainsi été présenté par le révolutionnaire Antoine Barnave en 1793 : « *Quand les ténèbres de l'anarchie féodale commencèrent à se débrouiller, elle se vit divisée en grands fiefs.* » S'ensuit un pouvoir économique qui, obtenu au moyen de la force, se complète par un pouvoir judiciaire et politique à leur échelle : la féodalité au fondement de l'État monarchiste qui est un très grand fief, un royaume. La révolution de 1789 reposant sur cette base, eu égard aux remarques de Engels elle reste celle de la féodalité prussienne du XIXe siècle et, au regard de l'échec de ce qu'il appelle la « *guerre* » des paysans allemands du XVIe siècle, le *grand fief* est celui du roi de Saxe que Wagner – dont il est le maître de chapelle – appelle « *ma patrie* ».

De plus, afin de comprendre l'engagement de l'anarchiste noble Bakounine dans l'insurrection de Dresde, il faut relever qu'il était issu de l'école militaire tsariste, pour lui : « *La révolution, c'est la guerre et, qui dit guerre, dit destruction des hommes et des choses. Il est sans doute fâcheux pour l'humanité qu'elle n'ait pas encore inventé un moyen plus pacifique de progrès mais, jusqu'à présent, tout pas nouveau dans l'histoire n'a été accompli qu'après avoir reçu le baptême du sang.* » En tenant compte des guerriers germains de Tacite, la mythique « Chevauchée des Walkyries » de Wagner marque le retour victorieux d'une guerre, si l'on ajoute qu'elle a été composée en 1851, deux ans après l'écrit révolutionnaire dans lequel est mentionnée l'invasion de l'Empire romain par les germains, se comprend pourquoi elle sera l'hymne de l'armée de l'air nazie, la Luftwaffe. De plus, dans la *Walkyrie*, la mort est présentée telle un bonheur pour les héros, concrétisation d'une tragédie qui en 1849 se soldait par « *le grand sacrifice d'amour de sa mort* ». Dès lors, « *l'homme libre, beau et fort* » que requérait Wagner pour ce faire avait peu de chances, deux ans après l'insurrection de Dresde, d'attiser le goût du « *peuple* » prolétaire auquel s'adressait *L'Art et la Révolution*.

D'autant que Wagner signale cette caractéristique de Bakounine : « *Aux êtres doués intellectuellement, il préférait les natures capables d'agir aveuglément* », leur instrumentalisation permet alors de comprendre son lien nihiliste entre guerre et révolution : « *Il plaçait tous ses espoirs dans la destruction totale de notre civilisation. Mettre cette force de destruction en mouvement lui semblait le seul objectif d'un homme doué de raison* » – lui, distingué de ses aveuglés. Ici s'établit la différence avec l'anarchiste Pierre-Joseph Proudhon dont la maxime était « *destruam et aedificabo* » (« *je détruirai et je construirai* ») puisque, Bakounine l'écrit : « *Notre mission est de détruire et non pas de construire ; ce sont d'autres hommes qui construiront, meilleurs que nous, plus intelligents et plus frais.* » Le noble Bakounine témoigne d'un mépris du peuple qui, après la révolution, par nécessité alimentaire, doit retourner travailler et Engels le dénonce, justement, au motif que son objectif est de détruire l'État sans en prendre le pouvoir alors qu'il est la seule réalité sur laquelle peut s'appuyer le peuple vainqueur. L'anarchiste ne peut ignorer que, à l'échelle de l'histoire des révolutions, la reconstruction est toujours assurée par un dictateur providentiel type napoléonien puisque détenteur de la force militaire et qu'elle se traduit par un renforcement de l'État antérieur.

Lorsque, à propos de Bakounine, Wagner se dit « *partagé entre le peur et d'admiration* », il semble se rapprocher de la thèse constructive de Proudhon : « *Rejeter la forme physique défectueuse du présent pour créer une nouvelle forme sensible qui réponde à la véritable essence de l'humanité, forme qui ne peut être obtenue que par la destruction de la forme physique du présent, donc par la révolution.* » Or rien qui, de près ou de loin, procède des « *associations* » économiques proudhoniennes, tout au plus celui pour qui le Bakounine de 1849 était le « *maître artificier* » de l'insurrection quand lui-même aurait fait fabriquer des grenades à main n'entendait détruire que les « *lois* » : « *Rejetons cet appareil désormais superflu et gênant.* » À cet anarchisme simpliste s'ajoute surtout que, là encore contrairement à Proudhon, mais également de tout le socialisme, dès l'issue de la révolution de mars 1848 puis de l'élection en mai du Parlement National à Frankfort, Wagner réclamait la monarchie : « *Mettons fin au monarchisme puisque la domination d'un seul vient d'être rendue impossible par celle du peuple ; mais émancipons par contre la royauté dans toute la plénitude du terme ! À la tête de l'État libre, le monarque héréditaire sera justement ce qu'il doit être dans son sens le plus noble : le premier du peuple, le plus libre des hommes libres.* » À l'époque médiévale, les féodaux héréditaires étaient présentés *libres* en ce qu'ils disposaient de serfs, le monarque propriétaire de terres reste donc, selon la même logique, au sommet de la hiérarchie. À partir des remarques de Engels sur la Prusse féodale du XIXe siècle *exit* donc le Wagner républicain au point que devient un non-sens son engouement pour les Révolutions françaises de 1830 et de 1848, d'autant que, entre les deux dates, le monarque Louis-Philippe avait perdu tout pouvoir au bénéfice d'un gouvernement libéral. Au mieux, Wagner réclamait la révolution sous sa forme anglaise du XVIIe siècle, soit une monarchie constitutionnelle qui a permis le maintien de la propriété féodale de terres louées à des particuliers notamment, encore aujourd'hui, par et pour le profit du roi.

Il faut alors considérer sa « *peur* » des théories de Bakounine à la lumière d'une lettre de 1856 précisément adressée au roi de Saxe dont il avait été le maître chapelle de 1843 à 1849 à Dresde, donc dans la ville où il avait participé à l'insurrection, car elle témoigne de l'espoir de revenir en grâce auprès de son employeur après sa fuite en Suisse : « *Avec la foi en la faveur insigne et en l'indulgence de Votre Majesté, un homme, que sa conduite passée n'a pas manqué de vous faire apparaître comme un criminel politique, ose réclamer de Votre Majesté la bienveillante attention.* » Une plainte ayant été déposée par des victimes de cette insurrection et un mandat d'arrêt lancé par le roi à son encontre suit sa contrition : « *Cela fut suffisant pour me faire finalement complètement perdre de vue les conditions dans lesquelles je vivais, de sorte que j'abdiquai la prudence nécessaire à la sauvegarde de ces conditions de la vie et que, de ce fait, je fus amené, il est vrai, à reconnaître que ma situation personnelle était en définitive intenable. Indépendamment des suites que devait avoir ma conduite lors des troubles à Dresde, que je n'avais du reste aucunement prévus, j'avais si peu conscience de commettre alors un acte répréhensible, c'est-à-dire un acte qui fut aussi dirigé contre mon Roi très gracieux que, même lorsque la pression des circonstances m'eut déjà incité à fuir à l'étranger, je ne pus me rendre compte de ce que cela signifiait.* » S'ajoute une essentielle lettre d'aveux adressée à Franz Liszt, l'année même où il participait à l'insurrection de Dresde : « *Je puis bien te l'affirmer à toi, personnellement, mes sentiments qui se sont manifestés, par une franche sympathie pour le mouvement populaire de Dresde, sont bien éloignés de ce fanatisme ridicule qui, dans tout prince, voit un ennemi à combattre, une victime à frapper. Tu connais la source amère de mon mécontentement, tu sais qu'il a pour origine la pratique de l'art que j'aime, que je l'ai entretenu avec passion et qu'enfin je l'ai laissé déborder et se répandre sur tous les objets qui, à mes yeux, se rattachaient nécessairement à la cause première de mon irritation. C'est ainsi que, par la force des choses, j'en vins à me dire :* "Il faut que cela change ; cette situation ne peut plus durer." *Inutile de t'affirmer qu'à la suite de mon équipée, j'ai été pour toujours guéri de la politique, tout être intelligent le comprendra sans peine. J'ai voulu redevenir et je suis redevenu artiste, rien qu'artiste. Cela me fait supposer que tu trouves le moment mal choisi pour intercéder en ma faveur auprès d'une cour de Weimar qui, naturellement, ne voit en moi que le révolutionnaire politique, ce qui lui fait oublier le révolutionnaire dans le domaine de l'art.* » Or, dès 1850 Liszt dirigera l'opéra d'époque féodale *Lohengrin* dans cette cour grâce au soutien de son Grand-Duc.

Sans même mentionner son absence de lien avec le Printemps des peuples, non seulement Wagner ne peut être assimilé aux déçus de la Révolution de 1848, comme il y en eut en France, y compris parmi les artistes, pour des raisons déjà évoquées à propos de la de l'invasion de l'Assemblée, mais son monarchisme et ses fonctions en Saxe tiennent autant à la nécessité de trouver un emploi qu'à son goût pour la féodalité. S'il ne peut être question de nier les contraintes du compositeur d'une musique qui peut n'être jamais jouée pour rester dans une partition conservée dans des Musées – le théâtre pouvant être lu –, le pire est que Wagner, comme devenu amnésique, écrira en 1870 à propos de son compositeur de référence : « *Un prince n'avait qu'à jeter les yeux sur Beethoven pour repousser l'idée d'en faire son maître de chapelle* [sic] », alors qu'il avait relevé son mépris pour un Napoléon qui eut le sien. De même, à propos de Wolfgang Amadeus Mozart : « *Il ne peut supporter de servir un prince : il cherche à se nourrir des applaudissements du public* », il n'hésita pas, en effet, pour gagner sa vie, à se tourner vers le théâtre privé d'Emmanuel Schikaneder avec qui il composera *La Flûte enchantée* destinée au public populaire. Les deux lettres citées le prouvent : Wagner peut être assimilé à un courtisan et son œuvre opératique, intimement liée aux Germains médiévaux et à la féodalité, n'invite ni à la révolution ni au républicanisme puisque, les cours de Saxe ou de Weimar en attestent, elle repose exactement sur le régime féodal prussien dénoncé par Engels. Enfin on voit mal, au travers de ses appels révolutionnaires au peuple de 1849, ce que le prolétariat prussien pouvait tirer d'exemplaire d'une œuvre en laquelle les héros ne travaillent pas.

Sa correspondance en témoigne : la constitution, par le compositeur messianique d'un cercle d'initiés français avec titres de « *chevaliers* », dit bien que sa finalité consistait à reproduire, à son échelle, une cour dominée par un savoir élitiste. Elle se mesure aux accents bakouniens qui définissent, dès 1849, le véritable but de la révolution : « *Seule la révolution pourra me donner les artistes et les auditeurs que j'attends, la prochaine révolution devra nécessairement mettre fin à tout ce marasme de la vie théâtrale. Il faut que tous les théâtres s'écroulent et ils s'écrouleront, c'est inévitable. Parmi les décombres, j'irai chercher et rassembler ce dont j'ai besoin et je trouverai alors ce qu'il me faut. Sur les bords du Rhin, je dresserai ensuite un théâtre et j'inviterai à une grande fête dramatique. Au bout d'une année de préparation je donnerai alors, au cours de quatre journées, une représentation de mon œuvre intégrale. Avec cet œuvre, je ferai alors connaître aux hommes de la révolution la signification de cette révolution, selon son sens le plus noble. Ce public-là me comprendra, celui d'aujourd'hui en est incapable.* » Hors toute référence à Proudhon, ce que Wagner entend reconstruire avec les pierres des théâtres détruits se nommera bientôt le *Festspielhaus* de Bayreuth, en rien sur cette base puisque, après ses fonctions de *Kapellmeister* de la cour du roi de Saxe, il faut ajouter le rôle de Louis II de Bavière dans sa réalisation, sans compter son inauguration en 1876 en présence du désormais empereur Guillaume Ier d'Allemagne.

Afin de mesurer en quoi le projet de celui qui se disait incompris par le public n'avait rien de révolutionnaire, il faut relever sa remarque : « *Ce n'est que depuis que le roi de Bavière m'a accordé sa protection qu'il m'a été possible de faire connaître mes intentions dramatiques et musicales sur un théâtre important* » donc avec des fonds féodaux. Louis II, à qui le *reconstructeur* Wagner écrit : « *Je bâtis un nouveau monde de splendeur germanique* », bâtisseur de châteaux féodaux ou versaillais qu'il est, ne peut qu'être sensible à ce projet et, preuve de l'identification à la féodalité, le compositeur lui fera interpréter ses héros. Wagner le lui dit : « *Dans les républiques antiques, on accordait aux citoyens qui avaient bien mérité de la patrie les honneurs royaux. Le manteau de pourpre flottait sur leurs épaules. Cette fois, ce fut le Roi en personne qui éleva jusqu'à ses côtés le Poète et jeta sur lui la pourpre. Vous me voyez muet à vos pieds, paré de l'auréole d'une adorante humilité.* » Présenté par Wagner tel le « *récompensateur d'un homme de mon mérite* », Louis II lui avait indiqué ses intentions : « *Soyez persuadé que je ferai tout ce qui est en mon pouvoir pour compenser vos souffrances passées. J'écarterai à jamais de votre tête les misérables soucis de la vie de chaque jour, afin que vous puissiez déployer librement les ailes puissantes de votre génie.* » Il soldera d'abord ses dettes et, ajoutera Wagner : « *Il veut que je reste toujours auprès de lui pour travailler, me reposer, faire représenter mes œuvres. Il me donnera tout ce qui est nécessaire pour cela.* » La *liberté* dont parle le monarque signifie que, mieux que la « *pourpre*, il l'héberge dans une maison de Munich avec domestiques, finance ses opéras et *in fine* apportera sur fonds de son État le complément sans lequel son Palais des festivals n'aurait jamais vu le jour. C'est ainsi que, à la mort du compositeur en 1883, le roi pourra déclarer : « *Le cadavre de Wagner m'appartient, on ne doit pas faire ses funérailles sans un ordre de moi.* »

Ce rapport de propriété s'explique spécifiquement dans le cas d'un métier de compositeur d'opéra qui attend des moyens financiers conséquents ne pouvant provenir que de grands fiefs féodaux puis d'États-nations dont, par filiation, Marx a dit le rôle dans le développement du capitalisme. Il faut alors revenir à son lien entre féodalité et naissance du prolétariat parce que c'est étonnamment dans un écrit adressé à Louis II que Wagner prêche la disparition du travail : « *Je trouvais que, dans le cas d'une égale répartition du travail entre tous, on abolirait le véritable travail avec ses fatigues et ses charges qui dénaturent l'homme ; à sa place, il ne resterait qu'une occupation qui prendrait nécessairement d'elle-même un caractère artistique.* » Sans même imaginer qu'il envisage de partager son travail de compositeur avec celui des travailleurs manuels, celui qui militait en 1849 pour « *les associations libres de l'avenir* » ne vise jamais l'appropriation collective des outils de travail, tout au plus le remplacement de l'homme par la « *machine* » qui permettait, dès cette époque, de licencier les ouvriers devenus superflus. Il ne sait surtout pas que, dans une véritable association ouvrière, les corvées que personne ne veut assurer, comme celle de fossoyeur, sont forcément, par principe égalitaire, assumées à tour de rôle. Eu égard à ses théories, on voit alors mal quelle forme artistique elles pourraient revêtir. Mais il était allé encore plus loin avec cet esthétisme, dans ses écrits révolutionnaires de 1849, alors qu'il relève d'un métier intellectuel il s'assimile à la classe des travailleurs manuels croyant même lui être utile avec son éducation à la force : « *De journaliers de l'industrie accablés de travail, nous voulons devenir tous des hommes beaux et forts, auxquels le monde appartienne, comme une source éternellement inépuisable des plus hautes jouissances artistiques.* »

Au fondement de cette *esthétique*, qui d'une certaine façon entend hisser *égalitairement* tous les prolétaires au même niveau que les féodaux, réside le projet *révolutionnaire* construit sur l'idée élitiste que c'est « *le théâtre qui doit être libéré le premier* ». S'ensuit cette proposition aux travailleurs manuels : « *Aidez-nous à élever l'Art à sa dignité, afin que nous puissions vous montrer comment vous élèverez le métier à la hauteur de l'Art.* » Sans même imaginer ce que pourrait être esthétiquement ce métier, dans l'ordre indiqué le compositeur entend d'abord être élevé par le travailleur manuel avant de devenir son éducateur *élévateur*, hiérarchie inverse de la logique socialiste qui part du principe que le travailleur de la terre – absent chez Wagner – est l'utile fondamental, celui qui permet aux autres de se nourrir et, en l'occurrence, qui finance l'art par ses impôts.

Eu égard aux ressources financières qu'impliquait la représentation de ses opéras, Wagner ne manque alors pas de toupet lorsque, dans ses écrits révolutionnaires, il soutient : « *Dans nos théâtres distingués paresse seulement la portion fortunée du peuple* » car, bientôt, son Palais des festivals sera en partie financé par elle. Surtout, à l'inverse de ces écrits qui en appelaient au « *peuple* » auquel il prétendait que son œuvre est destinée, il y a la haine nourrie à son endroit par le *peuple* bavarois. Les dépenses somptuaires que couvre Louis II, par l'usage de ses impôts, conduisent Wagner à être accusé par ce peuple de vider les caisses de l'État au point qu'en 1865 le roi sera contraint de lui demander de quitter de Munich, autrement dit la résidence avec domestiques occupée aux frais des contribuables bavarois.

Cette réaction populaire mérite d'être rapportée à sa remarque sur la France datée de 1869, à la lumière de sa position supposée *révolutionnaire* de 1848 : « *En 1848, j'avais été frappé de l'incroyable mépris que la révolution témoignait pour l'art dont c'était fait, à coup sûr, si la réforme sociale eût triomphé.* » Elle s'explique, justement, au travers du socialisme puisque, en 1858, sous Napoléon III, Proudhon dénoncera le « *parasitisme* » qui découle de métiers nés avec la féodalité et prolongés sous la monarchie : « *Ouvriers de luxe, agents de plaisir et de débauche, comédiens, saltimbanques, artistes, faiseurs de romans, etc.* », métiers que l'opéra cumule. De plus, alors que Bakounine en appelait au *lumpenprolétariat* des villes pour détruire l'État selon la logique indiquée par Wagner – « *Aux êtres doués intellectuellement, il préférait les natures capables d'agir aveuglément* » –, le mépris de Marx à l'égard de ce *prolétariat* figurait dans sa diatribe contre de la « *Société de bienfaisance* » mise en place en 1849 par Louis-Napoléon Bonaparte aux fins de l'utiliser à l'inverse de Bakounine. Pour assurer sa propagande, celui qui était alors président de la République comptait notamment, selon la liste établie par Marx, sur les « *plumitifs* » et sur les « *mendiants, en un mot toute cette masse amorphe, décomposée, flottante, ballottée, que les Français nomment* "la bohème" » – en rien celle du Printemps des peuples. Et de conclure que « *tous les membres* » de cette « *Société* » vivaient « *aux dépens de la nation laborieuse* » – les prolétaires auxquels Wagner proposait l'élévation...

Afin de mesurer en quoi la remarque s'applique à Wagner plus qu'à tout autre, il faut revenir à son mépris des théâtres faits pour les riches parce que sa *révolution* opératique réalisée à Bayreuth repose sur sa théorie de l'œuvre d'art qui fusionne poésie, musique (donc orchestre), théâtre (donc chanteurs-comédiens), mime, danse, peinture et sculpture (donc décors), les impôts du peuple servant – comme encore aujourd'hui – à compenser le prix d'une place qu'aucun spectateur ne pouvait acheter à son coût de revient. S'ajoute alors sa théorie de la suppression de l'argent qui s'explique par sa seule référence : la prise en charge directe des frais par un État et, pour la même raison, elle explique sa plainte de voir l'art devenu un « *métier* ». L'art – notamment la poésie courtoise – n'étant pas un métier quand il était exercé par les nobles oisifs, puisque sans préoccupation d'être rémunérés, il faut mesurer à cette aune les remarques de Wagner sur le « *cas de nécessité dans lequel je me puisse trouver, un jour, de gagner de l'argent pour subsister* » puis, plus tard, pouvoir finir Bayreuth « *si l'argent ne nous manque pas* ». Dès lors que le complément a été assuré par Louis II avec l'argent public, s'ensuit une solution qui vise purement et simplement à prendre le contribuable pour un imbécile : « *Le public devrait avoir l'entrée gratuite aux représentations théâtrales. Aussi longtemps que l'argent sera nécessaire à la satisfaction de tous les besoins de la vie, aussi longtemps qu'il ne restera à l'homme sans argent que l'air et peut-être l'eau, cette mesure ne saurait avoir d'autre but que d'enlever aux véritables représentations théâtrales l'apparence de productions contre paiement.* » Aucun régime politique, quelle que soit son obédience idéologique, n'ayant depuis renoncé à l'argent, la gratuité prônée en 1849 est bien une « *apparence* », un leurre que, en France, Proudhon avait opposé au révolutionnaire Lamartine en 1848 : « *Gratuit ! vous voulez dire payé par l'État. Or, qui paiera l'État ? Le peuple.* » Et il y reviendra à la fin de sa vie : « *Posons d'abord pour principe qu'il n'y a et ne peut y avoir de gratuit que ce qui ne coûte rien à personne.* »

À cette remarque de bon sens linguistique s'ajoute que Wagner, « payé » par le mécénat nobiliaire et vivant forcément aux « *aux dépens* » des travailleurs saxons puis bavarois, rejoint au mieux, dans sa finalité, le libéralisme étatiste français, attendu que François Guizot, aux affaires sous la Monarchie justement *constitutionnelle* de Juillet entre 1830 et 1848, partant du principe que « *tout gouvernement doit satisfaire aux besoins moraux et matériel de son peuple* », subventionnait les théâtres pour un but social ainsi conçu : « *Les hommes ont encore plus besoin d'émotions, de mouvement que de toute autre chose ; et c'est le besoin d'émotions, de plaisirs, de spectacle, qui met en mouvement la multitude, bien plus que son intérêt.* » Et le système voulu par Wagner où « *le théâtre est subventionné* » prend appui sur la réouverture des théâtres parisiens après les journées de juin 1848 en l'attribuant au général Cavaignac qui « *vint à leur secours et réclama aide pour conserver leur existence* », alors qu'il parle du réprimeur de ces journées. La finalité sera donnée par le député Victor Hugo, monarchiste rallié depuis peu à la République et alors rapporteur du décret de rétablissement des subventions : « *Le théâtre, c'est sa fonction et son devoir, moralise les masses en même temps qu'il enrichit la cité. Il peut beaucoup sur les imaginations et, dans des temps sérieux comme ceux où nous sommes, les auteurs dramatiques, libres désormais, comprendront plus que jamais, n'en doutez pas, que faire du théâtre une chaire de vérité, élever les esprits aux sentiments généreux par le spectacle des grandes choses, infiltrer*

*dans le peuple la vertu et dans la foule la raison, enseigner, apaiser,
éclairer, consoler, c'est la plus belle forme de la gloire !* » Au total,
dans la mesure où, pour le poète : « *N'oubliez pas que la civilisation,
c'est le contraire de l'agitation* », il entendait, dans le contexte déjà
évoqué d'hostilité à l'égard de l'Assemblée constituante, empêcher le
retour de la révolution et c'est sur cette base que, ainsi qu'il conclut :
« *La subvention aux théâtres fut votée. Les théâtres rouvrirent.* »

Wagner consacrant bon nombre de pages de *L'Art et la révolution* à sa référence qu'est l'art social sous « *l'État grec* » pour avancer : « *Le Grec était lui-même acteur, chanteur et danseur, par sa
participation à la représentation d'une tragédie* », il doit se lire au
travers de Jean-Charles Moretti, historien du théâtre dans la Grèce antique. L'histoire de la subvention artistique implique d'abord que « *la
construction des théâtres était généralement assumée par le trésor
public* » ensuite, au début de l'ère classique « *les poètes* » – soit les
auteurs – étaient eux aussi « *à la charge du trésor public* », enfin ce
fut le cas des « *acteurs* », il existait donc une division des métiers. Il
s'ensuit la réalité des « *républiques antiques* » qui, selon Wagner,
avant Louis II, *élevaient* les poètes par le « *manteau de pourpre* », dès
lors qu'ils exerçaient, comme lui en Saxe, un « *métier* » et étaient
« *payés* » sur fonds publics. Surtout, à propos de la « *tragédie* » qu'il
évoque, son genre majeur, l'historien du théâtre antique Pierre Grimal
le précise, « *les tyrans* » alors au pouvoir la favorisaient car c'était
« *un genre qui exaltait la puissance des rois* ». Puis viendra l'exaltation des héros guerriers, l'historien note que la pièce d'Eschyle, *Les
Perses*, « *la plus populaire, est tout entière à la gloire d'Athènes,
puisqu'elle exalte la victoire remportée par les armes grecques (et
athéniennes en particulier) sur le roi de Perse, Xerxès.* » Eschyle
étant la référence de Wagner, dans le contexte d'un théâtre financé
par l'institution politique, bien avant le système romain du pain et des
jeux, s'annonce la *Walkyrie* sur le modèle des Germains vainqueurs.

Enfin, Wagner prétend que la Grèce était une « *démocratie sincère* » au motif que le « *citoyen* » participait à « *l'assemblée du peuple* » alors qu'il écrit ailleurs : « *Les plus grossières des occupations domestiques, il s'en déchargeait sur l'esclave.* » Puisqu'il n'établit entre les deux aucun lien de causalité son « *peuple* » grec exclut les esclaves, il aurait pu ajouter la femme et l'on aurait alors l'anticipation des Germains de Tacite et, avec le serf, de la féodalité. L'intéresse en réalité que, « *dans le vaste espace de l'amphithéâtre grec, le peuple entier assistait aux représentations* » or, s'il est admis que l'esclave lui-même y prenait part, le contenu de la « *tragédie grecque* », qui reposait sur l'organisation politique sans participation des esclaves, n'avait nullement pour but de l'inciter à s'affranchir. Il n'existait donc aucune révolution possible par l'art social grec d'autant que, dans son écrit pourtant révolutionnaire de 1849, il considère que l'œuvre d'Eschyle « *la plus belle est l'*Orestie » où il prit position « *comme homme d'État vis-à-vis du révolutionnaire Périclès* », la victoire de ce dernier étant regrettée car elle annonce « *la dissolution de l'État athénien* ». Enfin, lorsque le compositeur reproche à son époque de produire des esclaves, notamment dans l'industrie, le prolétaire qui, aujourd'hui, assisterait à ses opéras, serait bien en peine, lui aussi, d'y trouver de quoi s'affranchir, sauf à vivre selon le modèle des féodaux en quête du Saint-Graal…

Où l'on retrouve le rôle hugolien du théâtre car Wagner ne peut ignorer que son but grec était d'assurer la cohésion sociale, selon la remarque d'Aristote sur la tragédie qui, « *en suscitant la pitié et la crainte, opère la purgation propre à de telles émotions* ». Outre que Rousseau démontrera, par des exemples, l'inefficacité de cette catharsis, le caractère *révolutionnaire* de la création artistique selon le compositeur se résume à cette formule : « *L'Art est la joie d'être soi-même, de vivre, d'appartenir à une communauté* », il est donc socialement intégrateur. Si, « *pour le Grec, la représentation d'une tragédie était une fête religieuse* », la « *fête* » selon Rousseau était populaire, surtout elle impliquait des « *spectateurs* » étant « *acteurs eux-mêmes* » – rien de tel dans les opéras de Wagner –, mais elle n'était qu'un pis-aller en l'absence de participation directe à l'association politique du *Contrat social*. En outre, depuis son invention, comme le théâtre, l'opéra annonce le cinéma sans liberté par participation, sans recul critique sinon *a posteriori*, ne réclamant le spectateur que passif puisqu'il le soumet à un déroulement imposé qu'il ne peut suspendre, contrairement à la lecture – à moins de lire le livret de l'opéra sans la musique. De ces points de vue, l'opéra wagnérien reste une représentation et une aporie dans sa dialectique révolutionnaire.

Quant à sa supposée utilité du créateur elle reposait sur l'idée que la disparition de l'artiste grec remonte à l'Empire romain où les philosophes « *fuyaient craintivement la vie publique* », s'il est une évidence, relevée par Rousseau, que le problème du libéralisme est, pour tous les citoyens, le désengagement direct de la vie de la cité par la représentation politique, passé le cap de l'insurrection de 1849, Wagner l'a écrit, il s'est exclusivement consacré à son art sous un régime monarchiste voulu. Il se trouvait donc dans la situation que connaissait la France depuis au moins Louis XIV, après avoir qualifié « *d'hypocrites* », en 1849, « *Corneille et Racine qui, aux applaudissements de leur maître, mettaient dans la bouche de leurs héros de théâtre l'ardeur de liberté et la vertu politique de la Grèce et de la Rome anciennes* ». Non seulement Wagner voyait les tragédies telles de « *nobles œuvres* », ce qu'étaient historiquement les siennes, mais il critique le rôle social des deux dramaturges du point de vue des valeurs grecques qu'il défendait. Par ailleurs, celui qui se félicitait de la réouverture en France des théâtres en 1848 savait forcément que ceux qui sont dits Nationaux sont nés de la Comédie française, elle-même issue de *L'Illustre théâtre* de Molière. Si ce dernier, à l'origine comédien itinérant, pouvait séduire le peuple des provinces avec ses comédies type *commedia dell'arte*, sa rupture totale avec lui intervient au moment où, à Versailles, subventionné par Louis XIV, il dialoguera les comédies-ballets musicales de Jean-Baptiste Lully avec, souvent, des nobles interprètes pour satisfaire leur goût pour la danse. De plus, au nom du théâtre grec tel qu'il le voit, Wagner met en cause la division des tâches – présente selon Tacite dans la société germaine – qui aurait conduit l'opéra à son amoindrissement, ainsi son artiste est-il supposé remplir les fonctions de poète, acteur, mime, danseur, peintre et sculpteur ce que, en dépit de sa mégalomanie, Wagner lui-même ne pouvait pratiquer. Surtout, cette polyvalence est incompréhensible s'agissant d'un opéra où chaque rôle implique une tessiture différente et où l'orchestre doit sa condition d'existence à la maîtrise d'instruments spécifiques. S'il est donc facile de comprendre, à défaut d'admettre, la conception de l'art total qu'est l'opéra, c'est au détriment des formes artistiques distinctes qui permettent à des artistes de vivre individuellement et, dès lors qu'il est destiné à « *englober tous les genres de l'art* », il en va de même du cumul de subventions, donc de son coût considérable pour les bavarois, de là, sans doute, leur haine.

Quant à la conception hugolienne des auteurs dramatiques « *libres* » car subventionnés, sans revenir sur la *liberté* que Louis II garantissait à Wagner par son confort quotidien, elle mérite d'être mesurée d'après la position du peintre Gustave Courbet qui avait participé – certes sobrement – à la Révolution de 1848. Pourtant en période capitaliste, il soutenait ainsi sa conception du créateur libre : « *Il faut* » que le peuple « *me fasse vivre* » en l'occurrence par l'achat de tableaux. De plus, la gratuité wagnérienne doit être rapportée à la position des paysans dont certains avaient posé pour son *Enterrement à Ornans* : « *Il est venu deux mille paysans à Ornans voir mes tableaux. Ils me demandaient tous, en sortant, combien ils me devaient. J'avais beau leur dire que j'étais dans mon pays, ça ne les satisfaisait pas* », la raison était : « *Afin d'être libre, l'homme veut payer pour que son jugement ne soit pas influencé par la reconnaissance. Il a raison.* »

S'ajoutera sa participation directe à la Commune de 1871 et comme Président élu de la Société des Peintres ; lors de sa constitution, Courbet rappelle aux membres : « *Nous délibérons en assemblée d'artistes* », ce qui la situe dans le prolongement du mouvement ouvrier, soit de ce que Wagner appelait en 1849 les « *associations libres de l'avenir* » dont *l'avenir*, précisément, disparaît lorsqu'il adhère à la monarchie prussienne restée féodale. Or cette Société communarde milite contre « *le déplorable exemple de l'École des Beaux-Arts, patronnés et subventionnés par le Gouvernement* » de la IIIe République libérale, surtout Courbet avance que « *les régimes précédents qui gouvernaient la France, en protégeant l'art, ne laissaient que le détruire et lui enlever sa spontanéité. Cette féodalité* », dès lors, « *ne produisait que de l'art aristocratique et théocratique* ». Passé 1789 il existait donc en France des pratiques politiques féodales et, on le verra, les opéras *aristocratiques* de Wagner purent en profiter.

Avant d'aller plus loin à propos de cette Commune, la lecture de Wagner par Nietzsche a d'essentiel qu'il pratique lui aussi l'apologie de la période féodale et que selon lui : « *Le théâtre de Wagner n'a besoin que d'une seule chose : des Germains !* », de plus, écrit-il en 1888 : « *C'est un fait profondément significatif que l'avènement de Wagner coïncide dans la durée avec l'avènement de l'"Empire"* ». Quatre ans plus tôt, le comte Paul Vasili, amateur de la société allemande, avait noté : « *Le caractère germanique est incarné tout entier dans la musique de Wagner. De même que M. de Bismarck en représente le côté pratique, de même Wagner en représente le côté artistique.* » Ces deux remarques découlent de la renaissance du « *Saint-Empire* » romain germanique – référence de Wagner – dans le IIe Reich à la suite de la victoire de 1870 contre la France, Otto von Bismarck réalise alors l'unité allemande, en janvier 1871, dans le cadre symbolique de la galerie des glaces du château de Versailles où le roi Guillaume Ier de Prusse devient Empereur d'Allemagne. Or, non seulement Wagner écrira à cette occasion en mars 1871 une *Marche impériale*, mais il avait milité pour la guerre contre la France, composé en janvier un poème *À l'armée allemande devant Paris* et donné cette raison : « *À l'heure où les armes allemandes pénètrent jusqu'au cœur de la civilisation française, certains d'entre nous ressentent de la honte à être sous la dépendance de cette civilisation.* » Selon le sociologue Pierre-Michel Menger, il avait même réclamé « *de brûler Paris, en 1870* », mais au motif que « *la ville symbolise pour lui ses échecs de jeunesse* ». Rien donc qui procède de l'engagement de Garibaldi contre le Prusse, aux côtés des Français désormais en République, d'autant que la Prusse est monarchiste et qu'il s'agit d'une guerre de conquête qui confirme la continuité viscérale de son pangermanisme mais rien, non plus, qui procède de l'intérêt du cosmopolite italien pour la Commune de 1871 proclamant « *la fraternité des hommes* » hors toute « *nation* ». En effet, si l'appel à la « *fraternité* » était un *leitmotiv* des écrits révolutionnaires de Wagner en 1849, quelques mois après son engament prussien contre la France il se mue en chantre de cette Commune qui, précisément, après la signature du préliminaire de paix de février 1871, a lieu en présence des armées prussiennes. Pire, dès lors qu'elle constitue, pour Bismarck, le risque de voir le tribut financier qu'il a condamné la France à payer être retardé, ainsi que l'écrit Adolphe Thiers, il l'aide à constituer l'armée versaillaise « *en nous renvoyant un nombre assez considérable de nos prisonniers* ». Ce que Thiers ne dit pas Marx l'indique : « *Bismarck a reconnu que Thiers et Favre lui ont demandé d'intervenir* », ainsi « *la Commune a été écrasée avec l'aide des Prussiens qui ont assumé le rôle de gendarmes de Thiers* » avec leurs militaires et leurs canons chargés d'empêcher la fuite des Communards.

Or Wagner donne la première de sa *Marche impériale* en Allemagne en présence du désormais empereur Guillaume Ier en mai, un mois après le début de la Commune. Son cynisme consistera ensuite à devenir son chantre sans rien dire de ses œuvres anti-françaises, pire il prétend que l'ostracisme dont il pourrait être victime, en France tient à ses idées progressistes : « *Comme il fut fréquemment attiré par le communisme, l'auteur pourrait courir le plus grand danger s'il allait se présenter aujourd'hui à Paris avec ses écrits sur l'Art. Il se range en effet, en face de l'égoïsme, ostensiblement dans cette catégorie éminemment proscrite. Je crois pourtant que le lecteur allemand bienveillant, à qui cette antithèse conceptuelle saute tout de suite aux yeux, n'aura plus de doute sur mes rapports avec la plus récente "Commune" de Paris.* ». Il la voit telle l'expression du « *communisme* » défini par celui à qui il avait dédié en 1849 *L'Œuvre d'art de l'avenir*, Ludwig Feuerbach, représentant pour Marx du communisme idéaliste : « *Il est vrai que je n'aurais pas tant insisté pour appeler communisme le contraire de "l'égoïsme" (j'ai du reste emprunté ce terme de "communisme" aux écrits de Feuerbach, avec le même sens) si, dans ce concept, ne s'était révélé à moi un idéal politique et social comme principe suivant lequel je comprenais "le peuple" dans le sens de l'incomparable productivité de la communauté primitive préhistorique, et je l'imaginais rétabli autant que possible en état communautaire de l'avenir.* » Le « *peuple* » selon Wagner, valorisé en 1849 justement dans *L'Œuvre d'art de l'avenir* [sic], est donc, eu égard à la préhistoire, envisagé comme masse productive ce qui implique de citer Marx qui a lui-même abordé le communisme primitif : « *La coopération, telle que nous la trouvons à l'origine de la civilisation humaine, chez les peuples chasseurs, dans l'agriculture des communautés indiennes, etc., repose sur la propriété en commun des conditions de production et sur ce fait que chaque individu adhère encore à sa tribu ou à la communauté aussi fortement qu'une abeille à son essaim.* » Outre que, dans son œuvre opératique, Wagner ne mettra jamais en scène de « *coopération* » sinon entre des féodaux qui ne travaillent pas mais, de ce fait, pas plus de « *propriété en commun* » dès lors que la « *ruche* » dont parle Marx repose sur la « *productivité* » effective des serfs qui en sont totalement absents. Il faut alors pousser plus loin puisque, à l'inverse de Wagner qui entendait la rétablir, à la suite de Marx, selon Engels : « *La puissance de cette communauté primitive devait être brisée – elle le fut* », elle reposait en effet sur l'indifférenciation d'individus acceptant les lois communautaires de façon inconsciente, ce qui était attendu des serfs, et c'est précisément dans un article contre Feuerbach que Marx définit le vrai communisme : « *Il traite de manière consciente toutes les données naturelles préalables comme des créations des générations passées, en les dépouillant de leur caractère primitif et en les soumettant à la puissance des individus associés.* » Avant que Wagner entende rétablir le primitivisme « *en état communautaire de l'avenir* », il y avait eu ses « *associations libres de l'avenir* » de 1849, l'alibi du *communisme* suppose alors de remonter à une citation du Christ qui figurait dans l'autre écrit de la même année, elle aussi destinée au « *peuple* » : « *Ne prenez point souci de savoir ce que vous mangerez, ce que vous boirez, ni même ce dont vous vous vêtirez, car tout cela votre père céleste vous l'a donné de lui-même !* ». Eu égard aux Germains de Tacite qui ne travaillent pas la terre, le Christ sert d'autant plus la mystification wagnérienne qu'elle se retrouvera dans la quête du Saint-Graal. S'ajoute l'actualisait sa citation : « *Ce père céleste ne sera alors que la raison sociale de l'humanité qui s'approprie la nature et sa fécondité pour le bien de tous* », *raison sociale* à envisager en 1871, à l'époque de la Commune, au travers de Guillaume Ier devenu Empereur.

Dans la mesure où, hors toute référence mystificatrice, la société médiévale supposait l'agriculture, dans le vrai socialisme le paysan qui nourrit les autres se situe en haut de la hiérarchie, en revanche, dès les écrits révolutionnaires toute l'idéologie wagnérienne repose sur la hiérarchie féodale inverse qui fonde la modernité politique, ce que Marx appelle le « *monde renversé* ». Si le compositeur-artiste de Wagner, élévateur du prolétariat manuel en procède, il en va de même des interprètes de ses opéras quand il prétend : « *En agissant ensemble, chacun d'eux obtient le pouvoir d'être et de faire précisément ce qu'il désirerait être et pouvoir faire selon son caractère particulier.* » Cette supposée *association* opératique est emblématique en ce qu'elle constitue la limite du mouvement ouvrier et du socialisme marxien dans leur valorisation de l'individu par l'association, l'opéra est en effet totalement tributaire d'une hiérarchie fondée sur la division du travail – pourtant dénoncée par Wagner. Spécifiquement, tous les musiciens ne jouent qu'en fonction des directives d'un chef d'orchestre, « *métier* » pratiqué par le compositeur pour être « *payé* », et Nietzsche a bien dit ce qu'il en était : « *Les chefs d'orchestre wagnériens sont dignes d'un siècle que la postérité nommera un jour avec piété* le siècle classique de la guerre. *Wagner comprit l'art du commandement ; il en fut aussi le grand professeur.* » Constaté de visu par Nietzsche, à Bayreuth, en particulier dans la guerre de la *Walkyrie*, le lien entre hiérarchie et commandement était non moins moins évident dans le culte du compositeur-chef... d'orchestre.

La disparition de la « *fraternité* » des écrits de 1849 s'explique avant tout par la hiérarchie féodale qui tient au « *sang sain* », d'elle découle une hiérarchie raciale qui se lit au travers de la réponse de Wagner à une question relative à la langue allemande : « *Tout ce qui est étranger doit-il être exclu une fois pour toutes ? – Assurément.* » Cette conception de l'étranger permet de cerner l'intérêt du compositeur *commandant* pour Arthur de Gobineau qui, dans son *Essai sur l'inégalité des races humaines*, établit en « *axiome politique* » que « *la répulsion pour les étrangers* » est à l'origine de tous les États dès lors que tous sont nés de la hiérarchie « *des noblesses* », autrement dit « *sur les prérogatives de naissance* », cette répulsion tient alors à « *la supériorité que chaque nation s'adjuge à l'égard de ses voisines* ». De plus de Gobineau, qui usurpait le titre de comte et se rêvait un ancêtre viking, rejoint l'intérêt du compositeur pour les légendes scandinaves, ainsi sera-t-il invité à Bayreuth dès l'hiver 1881-1882 donc bien après la période révolutionnaire de Wagner, l'aristocrate qu'il prétend être ayant été hostile à toutes les révolutions françaises. Wagner admire son « *effrayante force de conviction* » et, dans un essai de 1881 intitulé *Héroïsme et christianisme* il estime que « *Gobineau est mon seul contemporain* », déplore cette découverte tardive : « *Faut-il que j'aie rencontré si tard le seul écrivain original que je connaisse ! Je ne dévore pas* les Nouvelles asiatiques *parce que je les savoure.* » Or cette œuvre, littéraire, complétait la théorie de l'inégalité des races dans laquelle le « *système des castes* », en Inde, était supérieur aux « *noblesses* » de l'Europe égalitaire par inscription de la hiérarchie dans la structure même de l'État. Grand lecteur d'ouvrages sur l'Inde, Wagner trouve surtout chez de Gobineau que les « *castes* » découlent d'un aryanisme indien dont elles garantissent la perpétuation, le mythe aryen sortant alors des limites du germanisme par un alibi oriental.

Ces castes expliquent néanmoins la limite de l'adhésion du compositeur aux thèses gobiniennes, dans une lettre à Cosima Wagner, l'épouse de Richard, le Français l'écrit : « *Je ne tiens pas à la race germanique, moins à la race allemande* », la première étant « *perdue, parce que je n'attache du prix qu'au sang et pas à la civilisation* ». Ne se limitant pas à Tacite, de Gobineau considère que, du fait de l'évidence historique du métissage, les Germains ne sont plus alors que Wagner, qui croit toujours au « *sang sain des jeunes nations germaines* », entend en 1881 « *contrecarrer la dégénération de l'espère humaine* ». Des deux, seul donc Wagner annonce le nazisme. De plus, de Gobineau était également l'auteur de *Nouvelles féodales*, il conseille à Wagner, de Chrétien de Troyes, les « Romans de la Table Ronde *et les* Contes des anciens bretons *par le Vicomte Hersart de La Villemarqué. Je lui recommande tout ce qui touche là à* Perceval le Gallois » personnage inventé par Chrétien de Troyes devenu *Parsifal* sous la plume de Wolfram von Eschenbach. Or Wagner estimait en 1870 que, grâce à ce dernier : « *Si notre littérature poétique a emprunté sa nourriture aux poèmes de chevalerie de la France, ce fait n'a apporté aucun préjudice au développement de l'esprit allemand »* qui découle de la seule germanité. Il faut alors ajouter cette remarque dans le contexte de la guerre anti-française de 1870 : « *Ce fut "l'esprit allemand", si redouté et si honni "outre-mont" qui, dans le domaine de l'art comme partout ailleurs, opposa sa force régénératrice à l'artificieuse corruption de l'esprit public européen.* »

Cette obsession de la régénération pose une autre limite de la relation avec de Gobineau apologiste du peuple juif. L'antisémite de Wagner rend encore plus fallacieuse sa *fraternité* des écrits révolutionnaires de 1849, Pierre-Michel Menger le relève : « *Wagner, dès avant l'échec de la révolution de Dresde, avait inséré, dans ses travaux préparatoires du livret de son cycle du* Ring des Nibelungen, *des éléments explicitement judéophobes et une matrice sémantique caractéristique de son antisémitisme croissant.* » S'éloigne donc plus encore tout rapprochement avec le Printemps des peuples d'autant que, un an après sa participation à la révolution de Dresde, paraît anonymement un essai intitulé *Le Judaïsme dans la musique* dont il aggravera la portée dans une réédition, sous son nom, en 1869. Lorsqu'en 1930 le compositeur antisémite français Vincent d'Indy parlera de « *la vertigineuse décadence qui se produisit, dans la musique française, dès que la race israélite y fit son apparition* », il s'appuiera sur le compositeur allemand : « *Wagner a pu écrire, avec juste raison et preuve à l'appui :* "Le juif ne peut que répéter et imiter, il ne peut pas créer." » Pour d'Indy, les compositeurs *de l'avenir* devaient donc « *s'assimiler les bienfaits de la réforme wagnérienne* ». Ladite « *réforme* », soit la révolution par l'art découle là encore du Wagner de l'insurrection de 1849. Selon l'historienne Fanny Chassain-Pichon : « *Richard Wagner était un révolutionnaire devenu artiste qui avait gardé de son engagement politique la volonté d'anéantir "*le judaïsme dans la musique*" voire, peut-être, les Juifs eux mômes, ce que Hitler réalisa des années plus tard.* » Pour preuve, elle s'appuie notamment sur ce passage du *Judaïsme dans la musique* adressé aux Juifs : « *Une*

*seule chose peut vous conjurer de la malédiction qui pèse sur vous :
la rédemption d'Ahasverus, l'anéantissement.* » L'historienne conclut
à propos de ce dernier mot : « *Le terme allemand de* vernichtung, *uti-
lisé par Wagner, est celui que reprend Hitler, moins d'un siècle plus
tard, pour définir le génocide juif ou l'anéantissement total des Juifs
de l'Europe.* » Plus catégorique, Menger estime que s'« *il exhorte de
chasser et d'expulser le juifs* » dans l'essai de 1869, « *à partir 1879
émerge la solution de l'élimination physique qui dénote la radicali-
sation et la racialisation de sa judéophobie* ». Là encore contrairement à de Gobineau, l'antisémitisme nazi devait exclusivement à Wagner selon qui les Juifs sont des « *parasites* » et des « *anomalies de la
nature* ».

Pour alors pousser plus loin les rapports de Wagner avec la
France, il faut justement indiquer la concomitance entre l'écrit révolutionnaire dans lequel figure l'apologie du « *sang sain* » germain et
son usage dans l'œuvre opératique dès lors que, dans *Ma Vie*, il précise que le projet de *L'Art et la révolution* paru en 1849 est né à Paris,
de surcroît il a été écrit en français : « *L'idée m'était venue d'écrire
une série d'articles pour un grand journal français,* Le National. *Je
voulais y exprimer mes idées révolutionnaires sur l'art moderne et
sur ses rapports avec la société. J'envoyai un ensemble de six de ces
articles à ma vieille connaissance Albert Franck, il avait racheté la
librairie franco-allemande de Paris, précédemment dirigée par mon
beau-frère Avenarius. Les articles me furent retournés avec cette
mention :* "qu'il semblait absolument impossible, surtout en ce moment, que le public parisien le comprît". *Je me bornais à donner pour
titre à mon manuscrit :* L'art et la révolution, *puis je le fis parvenir à
Otto Wigand, libraire à Leipzig, celui-ci se chargea de le publier sous
forme de brochure et, à titre d'honoraires, il m'envoya cinq louis
d'or, ce succès m'engagea à poursuivre dans cette voie. Je tirai de
mes papiers l'exposé que j'avais rédigé l'année précédente sur la*

légende des Nibelung, je l'intitulai Les Wibelung, histoire universelle *tirée de la légende et, aussitôt, je tentai à nouveau ma chance auprès de Wigand. Le titre sensationnel de* L'Art et la révolution, *ainsi que ma qualité de maître de chapelle royale, devenu réfugié politique, avait inspiré à cet éditeur, pétri d'idées radicales, l'espoir que la publication de mes écrits provoquerait un scandale fructueux.* » Viendra ensuite, mais à Zurich, l'idée de publier *L'Œuvre d'art de l'avenir* qui paraîtra en Suisse début 1850 et, du fait du contenu germano-féodal qu'il y a relevé, Nietzsche a l'avantage de bien dire ce qu'il fallait entendre par là : « *Wagner n'est pas le prophète d'un avenir comme nous pourrions être tentés de le croire, mais l'interprète et le glorificateur d'un passé* » – ce qui rend encore plus suspectes les « *associations libres de l'avenir* » et l'« *état communautaire de l'avenir* ».

Deux ans avant son engagement pro-prussien contre la France, en 1868 il avait publié *Art allemand et politique allemande* que l'essayiste Georges Servières, dans un essai de 1887, qualifiera de « *gallophobie* » parce que, « *dédaigneux de la France* », il y « *récusait au Français toute compétence pour apprécier ses drames lyriques par cette déclaration catégorique :* "Mes œuvres sont essentiellement allemandes." » Un an plus tard, en 1869, Wagner notera en effet par mépris : « *Écrit, il y a trente ans, en vue du Grand Opéra,* Rienzi *ne présente aux chanteurs aucune difficulté et n'offre au public parisien aucune étrangeté des œuvres qui l'ont suivi. Tant par son sujet que par sa forme musicale, il se rattache aux opéras depuis longtemps populaires à Paris.* » L'évolution qui conduit à « *l'étrangeté* » étant intimement liée à l'élitisme des œuvres suivantes financées par Louis II de Bavière, notamment la nécessité de comprendre la mythologie du Saint-Graal, celui qui en 1849 appelait le « *peuple* » à soutenir sa conception de l'art constate simplement, y compris dans la désormais Allemagne, que ses nouveaux opéras ne sont plus « *populaires* ». À la « gallophobie » s'ajoute en effet une *allemagnophobie* – la germanophobie étant ici impropre – puisque le compositeur dit se trouver

« *le seul Allemand dans cette population stupide que l'on appelle des Allemands* ». Sinon que son mépris du « *divertissement* » au nom de la germanité prolongée par la féodalité en produit lui-même, mais pour un public sinon noble du moins cultivé. Dès lors que seul est véritablement révolutionnaire un théâtre qui fait agir le spectateur pour l'éduquer à la participation directe, tel celui d'Augusto Boal au XXe siècle, ses opéras étant joués devant un public passif, même dans le socialisme d'État ils relèvent du libéralisme qui, au travers de la représentation politique, a inventé vie privée et temps libre, ils ne sont donc rien d'autre, au mieux, qu'un délassement après une journée de travail – si l'on accepte de voir et d'écouter ainsi des opéras féodaux.

C'est justement sous le libéralisme de la Monarchie de Juillet que Richard Wagner voyage pour la première fois en France en 1839 où il séjourne, à Meudon, jusqu'en 1842. Il y compose *Le Vaisseau fantôme* et il y reviendra après sa participation à l'insurrection de Dresde, fuyant la Prusse ainsi qu'il l'expliquera dans *Ma Vie* : « *Si j'avais accepté de me rendre à Paris en passant par la Suisse, c'est surtout parce que je savais qu'à Zurich je rencontrerais une vieille connaissance capable de m'aider à obtenir un passeport pour la France, pour éviter d'y arriver comme réfugié politique.* » L'état décrit, celui de l'après Révolution de 1848, est alors d'un supposé anticapitaliste : « *La physionomie de Paris, à cette époque, me fit l'impression la plus décourageante. Sur tous les édifices publics et autres établissements, on lisait la devise "liberté, égalité, fraternité", mais je fus effrayé en voyant les premiers garçons-caissiers de la banque. Jamais je n'en avais rencontré aussi fréquemment que maintenant où la veille domination du capital, après la lutte victorieuse qu'il avait menée contre la propagande socialiste, déployait tous ses efforts pour regagner la confiance générale par un cérémonial qui confinait au cynisme.* » La lecture de l'antisémite d'Indy atteste qu'il est impossible de présenter l'antisémitisme de Wagner dans la logique anticapitaliste de Proudhon et du juif Marx, quand il qualifie le compositeur français Giacomo Meyerbeer de « *sale juif répugnant* » c'est sans aucun lien avec le capitalisme de même pour l'allemand Félix Mendelssohn. En revanche, avant lui, d'un point de vue strictement nobiliaire, de Gobineau estimait que « *Paris, c'est l'enfer* » parce que « *l'or a tout tué* » et qu'« *on ne voit plus que des spéculations* ».

En tenant compte de ses liens avec ce dernier, du contenu de son œuvre opératique et, surtout, des apports financiers des riches pour la fondation du *Festspielhaus* de Bayreuth, Wagner se range, tout au plus, dans la catégorie des socialistes bourgeois revendiqués anti-bourgeois, les émules de ce que Marx dénomme « *le socialisme d'esprit féodal* ». Complétant sa filiation entre féodalité et bourgeoisie au travers du prolétariat et du capitalisme, il entend par-là un mouvement anti-bourgeois : « *Pour s'attirer des sympathies, l'aristocratie devait feindre d'oublier ses propres intérêts et de dresser son acte d'accusation contre la bourgeoisie, dans le seul intérêt des travailleurs exploités.* » Il voit le mouvement se fonder en France et en Angleterre où, d'ailleurs, Wagner dénonce un « *banquier anglais* » au motif que sa « *fille a épousé un chevalier de l'ordre de la jarretière ruiné* », propos identiques à ceux d'aristocrates pour qui, de ce fait, après le Moyen Âge la classe bourgeoise a parfois *acheté* un titre de noblesse. Selon lui, le banquier est l'homme de l'« *or* » et de la « *spéculation* » termes identiques à ceux qu'employait Gobineau. Or son « *or* » du Rhin, qui symbolise la souveraineté politique de la royauté, était possédé par Siegfried, fils du roi Sigmund de Xanten, la mystification tenant ici au fait que, à l'époque féodale, seuls les détenteurs de fiefs avaient le droit d'exploiter leur sous-sol, de même qu'ils possédaient les forges qui, activées par le bois de leurs forêts, permettaient à Siegfried de reproduire l'épée de son père.

Au travers de son anti-capitalisme qui ne négligera pas les financements des riches pour Bayreuth, Wagner révèle les contradictions entre ses paroles révolutionnaires et ses actes féodaux au point d'être une actualisation du bourgeois gentilhomme. Dès sa jeunesse, il inquiétait sa mère parce qu'il était « *épris de velours et de satin* », goût qui verra son aboutissement dans ses propriétés immobilières, tout particulièrement sa maison de Trisbscher au bord du lac des Trois Cantons en Suisse, puis la demeure qu'il se fera construire à proximité du Palais des festival de Bayreuth, *Wahfried, Palais des illusions*, avec domestiques. Pourtant, en 1849, il admirait le Grec antique à qui il « *aurait paru honteux et bas de se livrer, derrière les murs somptueux d'un palais privé* [sic]*, à l'opulence et aux voluptés raffinées* », de même cette autre déclamation : « *Voilà la propriété ! la raison de toute corruption ! l'interprétation de Proudhon était encore trop matérielle ; en effet, la propriété entraîne des mariages d'intérêt et, parlà, la dégénérescence de la race.* » Outre le mariage du banquier anglais avec la fille du noble désargenté cette citation ne se comprend pas sans les Germains au « *sang sain* » de Tacite et sans les féodaux avec serfs, donc le pré-prolétariat et le pré-capitalisme présentés par Marx puisque, là encore bien avant les bourgeois, ce dernier précise : « *La propriété foncière féodale est déjà, par nature, de la terre dont on a trafiqué* », elle « *comporte la domination de la terre sur les hommes* » néanmoins – à la différence des bourgeois – elle « *donne son nom à son maître, comme le royaume le donne à son roi* ».

Les séjours parisiens ne permettant pas à Wagner de vivre selon le confort souhaité, en 1859 reviendra le fil conducteur du mécénat nobiliaire : « *Quel malheur pour moi de n'avoir pas de princesse russe !* »

La dénomination « correspondances » renvoie aux lettres échangées en français – avec quelques fautes et barbarismes ici maintenus – avec des écrivains français, de même qu'aux *correspondants* français qui, de Prusse, rapportent aux lecteurs des journaux français les représentations de ses opéras. Enfin, elle pourrait renvoyer, symboliquement, au poème « Correspondances » de Charles Baudelaire, d'autant qu'il est cité dans l'article de 1861 que le poète consacre *Tannhaüser*, notamment le vers « *Les parfums, les couleurs et les sons se répondent* » et que, dans une lettre de 1877 à Judith Gautier, la fille du dédicataire des *Fleurs du mal*, Wagner parlera des « *parfums de correspondance* ».

Compte-tenu de son importance en France, le premier interlocuteur musical de Wagner se devait d'être Hector Berlioz qui avait fait l'éloge de l'ouverture de *Lohengrin*, à lui s'adresse d'ailleurs une lettre de 1869 qui sera reprise dans la presse pour récapituler les conclusions des essais révolutionnaires – raison de sa présence, ici, en tête des correspondances. Avant Wagner, Berlioz était emblématique de l'opéra à coût exorbitant, cependant Wagner étrille souvent ses compositions particulièrement au motif que, en musique, l'Allemand est « *réformateur* ». Cependant, le supposé républicain de 1849 rejoint Berlioz qui pestait contre le « *choléra républicain* », lui aussi s'agaçant contre la révolution de 1848, enfin le mépris élitiste wagnérien pour le public qui ne le comprend pas rejoint celui de Berlioz.

À cet égard, les analyses de Gérard de Nerval sont édifiantes. Les relations avec Wagner tiennent à son respect pour le germaniste qui a traduit en français le *Faust* de Goethe, elles se complètent par la couverture assurée par le poète en 1850, à la *cour* de Weimar, de la première de *Lohengrin* en prenant appui sur les indications du chef Liszt, ce dont le félicitera Wagner. Cependant, celui qui loue « *le talent original et hardi* » du compositeur constate que, à Weimar, « *le public a trouvé des longueurs qui ont parfois refroidi l'effet de l'ouvrage* » et, surtout, à l'encontre de la prétention révolutionnaires du compositeur, la nécessité, pour comprendre ses opéras, d'« *un public habitué aux légendes de la mythologie septentrionale* ». Nerval atteste donc bien, en Prusse même, de cet élitisme qui, selon le principe des « *mystères* », forme théâtrale religieuse du Moyen Âge, suppose une initiation. La classe prolétaire était finalement, pour son bien, protégée de la mystification qu'était le Saint-Graal…

Théophile Gautier, reprenant le flambeau de son ami d'enfance Nerval mort deux ans plus tôt, couvre en Prusse les représentations de *Rienzi* et de *Tannhäuser* en 1857, mais alors que Nerval écrivait pour le journal privé *La Presse*, il intervient pour le compte du *Journal officiel* du Second Empire et alors qu'il est la bibliothécaire de la Princesse Mathilde cousine de Napoléon III. L'article à d'intéressant que, convaincu du caractère révolutionnaire des opéras de Wagner, Gautier établit un parallèle avec son vécu direct de la bataille d'*Hernani* organisée par Victor Hugo, où il arborait un gilet rouge : « *C'est une agitation, un tumulte, une furie qui rappellent les grandes luttes romantiques de 1830 où les jeunes bandes d'*Hernani *se ruaient au théâtre avec leur mot de passe, scalpant les faux toupets classiques et proclamant la liberté et l'autonomie de l'art.* » Quand on sait que la pièce de Hugo, de surcroît en vers, se situe au XVIe siècle et que le héros est un noble en rivalité amoureuse avec le roi d'Espagne, peut se comprendre le parallèle de Gautier avec les opéras de Wagner cultivant le passé féodal. D'ailleurs, à la reprise d'*Hernani* en 1867 le futur communard Jules Vallès l'écrira : « *Rien qui ressemble de près ou de loin à une œuvre de liberté et de combat. Quoi ! c'est de ce mélodrame qu'on a dit qu'il fut le point de départ de la révolution !* », les Trois Glorieuses qui avaient ravi Wagner. Gautier n'ayant rien d'un poète révolutionnaire, « *l'autonomie de l'art* » étant sa théorie inverse de *l'Art pour l'Art*, celle du désengagement du politique, il a trouvé dans les opéras de Wagner le culte du fort et du beau que l'on retrouve dans ses romans post-féodaux, tel *Le Capitaine Fracasse*, avec héros nobles de cape et d'épée éduqués à la guerre.

Plus utile est la réception de l'œuvre wagnérienne par Champfleury qui, après avoir écrit au compositeur, lui adresse un de ses romans ainsi qu'un recueil de poésie récemment paru, puis lui propose d'écrire pour *L'Imagerie nouvelle*, journal qu'il avait prévu de créer, un article de défense de son œuvre opératique. Champfleury intéresse pour l'instant parce qu'il écrit en 1860 une brochure, *Richard Wagner*, dans laquelle il défend « *la musique de l'avenir* », référence à l'essai wagnérien de 1849 qu'il a donc lu, il y note : « *Mercredi 25 janvier 1860, à l'audition du premier fragment de Richard Wagner, je sentis pousser, sous le riche fumier que nous avions amassé lentement pendant quelques années, des fleurs charmantes de l'Initiation en musique. Je comprenais la pensée du Maître.* »

Champfleury, ami révolutionnaire de Baudelaire en février 1848, écrit après la parution des *Fleurs du mal* comme si l'œuvre de Wagner en dépendait, de plus Baudelaire se réfère lui aussi à l'écrit de Wagner, afin de le défendre contre ses détracteurs : « "L'épreuve est faite ! La musique de l'avenir est enterrée !", *s'écrient avec joie tous les siffleurs et les cabaleurs.*" » Cependant, le poète parle d'une sensation d'« *extase religieuse* » à l'écoute de *Tannhäuser* dès lors que, il le mentionne, elle procède du « *Saint-Graal* », rien donc qui annonce l'avenir ainsi que le dit Nietzsche ; sans même parler de l'apologie wagnérienne de la « *fête religieuse* » grecque, l'opéra découle d'un genre, l'oratorio, qui n'a jamais rien eu de populaire mais une vocation cultuelle. Le compositeur note, dans *Ma Vie* : « *Le poète Baudelaire m'a écrit des lettres admirables, il ne veut m'être présenté cependant qu'après avoir achevé quelques poèmes dont il désire me faire hommage.* » Après lecture de l'article il relève que, entre tous les critiques, « *Baudelaire se distingua par une brochure très spirituelle et très incisive* », il ajoute : « *Le ton singulièrement fantastique et hardi de ses épanchements me fit deviner, en Baudelaire, un esprit extraordinaire qui poursuivait, avec une fougueuse énergie et jusqu'en leurs dernières conséquences, les impressions reçues de ma musique.* » On ne peut reprocher à Nietzsche d'avoir considéré : « *Qui donc fut le premier partisan intelligent de Wagner ? Charles Baudelaire* » pour ensuite l'assimiler à un « *décadent* ». N'ayant jamais rien écrit sur son engagement révolutionnaire toute lecture des dernières œuvres de Baudelaire sans connaissance des premières est anachronique. Alors proudhonien, il avait participé directement à la Révolution de 1848, fait l'apologie du peuple ouvrier, de ses poésies, il avait même été actif en mai lors de la manifestation à l'Assemblée où il fut crié « *Vive la République démocratique* », puis contre les répressions de juin par Cavaignac. Il avait ensuite condamné le Coup d'État de Louis-Napoléon Bonaparte puis le plébiscite qui le conduira à devenir empereur. À l'inverse de Gautier, Baudelaire n'aurait donc pu écrire pour le *Journal officiel* puisque la représentation a lieu sous Napoléon III dont la justice avait condamné *Les Fleurs du mal* en 1857. Il faut alors lire en ce sens un passage de son article tout particulièrement consacré à l'homme Wagner parce qu'il est, en 1861, celui d'un vrai déçu de la révolution de 1848, non d'un courtisan tel que l'était le compositeur : « *Possédé du désir suprême de voir l'idéal dans l'art dominer définitivement la routine, il a pu (c'est une illusion essentiellement humaine) espérer que des révolutions dans l'ordre politique favoriseraient la cause de la révolution dans l'art. Le succès de Wagner lui-même a donné tort à ses prévisions et à ses espérances, car il a fallu en France l'ordre d'un* despote *pour faire exécuter l'œuvre d'un révolutionnaire.* » Où l'on doit rappeler que Courbet, ami de Baudelaire en 1848, avait mis en cause en 1871, donc après le Second Empire, la « *féodalité* » politique française qui « *ne produisait que de l'art aristocratique et théocratique* », Wagner profita donc de cette situation et tout dépend de ce que le « *despote* » *socialisant* avait trouvé dans ses opéras, avant l'usage national *socialiste* qu'en tirera Adolf Hitler.

Figure d'ailleurs, parmi les correspondants défenseurs indéfectibles de Wagner, Édouard Schuré apologiste de son germanisme féodal jusqu'à sa mort en 1929, il assiste à la représentation de *Tristan et Isolde* financée par Louis II de Bavière au Théâtre Royal de la Cour de Munich en 1865. La sensation est telle qu'il écrit son admiration au compositeur qui lui répond : « *Votre lettre m'a fait un plaisir extraordinaire, je l'ai montrée au roi* », puis Schuré publiera un long article d'apologie de ses opéras dans *La Revue des deux mondes*, salué par le compositeur dans sa correspondance. Enfin, plus tard, en 1926, un essai, *Précurseurs et révoltés*, dans lequel Wagner, qu'il a rencontré comme « *metteur en œuvre* » de ses opéras à Bayreuth, est présenté tel « *Siegfried qui reforge l'épée brisée de son père après l'avoir réduit en limaille et fondue au creuset* » ou « *en jeune Wotan* » soit « *impérieux et souverain* ». Où l'on retrouve l'apologie wagnérienne du commandement par Nietzsche, également rencontré par Schuré « *à Bayreuth, en 1876, aux premières représentations de* l'Anneau des Nibelungen » et dont il retient, toujours dans le même essai, que Wagner était pour lui « *le sauveur de la culture germanique* ». Il y évoque également celui qui avait enthousiasmé le compositeur : « *Dans les vues de Gobineau sur les aptitudes des grandes races humaines et sur le danger des mélanges excessifs, il y a certainement une vérité profonde* » et de conclure : « *En 1876, Richard Wagner avait rencontré Gobineau à Rome et créé sa renommée en Allemagne en exaltant ce génie méconnu auprès des siens.* » Dit autrement : grâce à Wagner, les thèses racistes – mais non antisémites – de Gobineau ont pu percer dans le nazisme.

Autre correspondant, Judith Gautier qui, contrairement à son père, est une critique musicale. Dans ses *Souvenirs*, elle parle de la création de *L'Or du Rhin* au Théâtre Royal de la Cour de Munich en 1869 grâce au financement de Louis II de Bavière et avec un public composé de ses invités, puis elle sera conviée au premier festival de Bayreuth en 1876 pour le compte du *Journal officiel*, alors celui de la IIIᵉ République donc après l'adhésion du compositeur à l'invasion prussienne. Entre temps elle assistera à Lucerne au mariage de

Richard avec Cosima, la fille de Liszt, il se dit même qu'elle aurait été la marraine de leur fils Siegfried. Surtout, d'abord épouse du poète Catulle Mendès, également correspondant de Wagner, elle deviendra sa maîtresse, entrant alors en concurrence avec sa femme. Il lui écrit en 1878 : « *De temps en temps, je suis très stupide, comme Parsifal devant le Graal : ce "fou", "sot", comme il est appelé par Chrétien de Troyes.* » Leur relation a en effet de notable que si le compositeur manifeste un amour débordant, Judith, vivant à Paris, lui sert à satisfaire ses goûts de luxe déjà évoqués, mais aussi d'élégance et de bien-être. Le *communiste* propriétaire lui envoie régulièrement de l'argent, lui demande : « *Soyez prodigue* » pour ce qu'il appelle ses « *futilités* » toujours démesurées, il réclame des « *débauches en parfumerie* », des eaux de bains « *en flots abondants* », des « *éponges de toilettes, immenses* », des couvertures « *extraordinaires* » et reconnaît : « *Je suis excessif.* » En 1849, il dénonçait dans la Rome antique les « *marchands* » venus de l'étranger « *pour fournir aux richards, en échange d'un payement avantageux, tous les plaisirs des sens que le pays environnant ne pouvait leur offrir* ».

Le projet wagnérien d'hégémonie de la Prusse sur l'Europe passe par une lettre du compositeur à Catulle et Judith plus Auguste de Villiers de L'Isle-Adam lui aussi wagnérien convaincu, tous trois du voyage en 1869 pour la représentation de l'*Or du Rhin* à Munich comme ils le seront pour celle de *Lohengrin* au Théâtre de la Monnaie de Bruxelles en 1870. Datée de mars 1870, elle témoigne de l'identification du compositeur à sa propre mystification, se rangeant avec ses interlocuteurs parmi les « *chevaliers* » féodaux.

Puis vient une lettre d'août 1870 à Catulle et Judith dans laquelle il devient franchement hypocrite puisque, sans rien dire de son engagement de compositeur propagandiste aux côtés de la Prusse, pire regrettant même de ne pouvoir leur offrir de « *consolation* » après la débâcle, il s'énerve, manifeste son ressentiment à l'égard de disciples qui sont pourtant confrontés à la réalité du point de vue français, Judith ayant exprimé ses « *souffrances pendant le siège* ». Cette lettre a de saisissant qu'il s'insurge ainsi : « *Je n'entends que des proférations d'assurance de courage patriotique parmi vous* » et, surtout, « *d'un courage à exterminer tout envahisseur de votre sol* », les Prussiens. À l'opposé exact du Printemps des peuples, il condamne donc le principe même la résistance lui qui, dans ses écrits révolutionnaires, n'avait que mépris pour un Christianisme qui rend esclave par le fatalisme qu'il impose. Mieux encore, il milite sans ambages pour la soumission à l'ennemi, sa formule : « *Acceptez le sort tel qu'il est jeté, comme un jugement de Dieu et étudiez le sens profond du jugement* » est alors l'exact contraire de ce que Fichte reprochait au peuple berlinois envahi par Napoléon – « *Il se vit obligé d'accepter* [sic] *un but extérieur, imposé par une force étrangère.* » L'issue de la guerre envisagée, il le répète, au travers d'un « *jugement de Dieu, porté cette fois par la nature des choses et des forces* », découle de l'obscurantisme féodal lié à l'éducation physique par les armes et, spécifiquement, au duel qui permettait d'absoudre religieusement le vainqueur.

Au patriotisme résistant et, si nécessaire, reconquérant du Printemps des Peuples s'oppose donc un nationalisme de soumission du vaincu, Wagner signale seulement aux « *chevaliers* » français qu'ils ne doivent pas voir la conquête comme celle des « *Prussiens* », mais de la « *nation allemande* » que Bismarck va bientôt consolider à Versailles. Et justement, le glorificateur de l'Empereur prussien qui, révolutionnaire en 1849 appelait à l'aide les « *hommes d'État honnêtes* », enjoint les « *chevaliers* » français « *à trouver un vrai homme d'État* », soit « *qui sache avant tout expliquer à la nation française ce qui est* [sic] *et ce que veut la nation allemande, car c'est elle, suspectée par ignorance comme par fatuité, qui frappe maintenant à vos portes* ». Ce que lui, Wagner, veut au travers de cette guerre, il l'écrit explicitement, c'est « *la régénération du peuple français* », étape sur la voie de son objectif universel, dix ans plus tard : « *Contrecarrer la dégénération de l'espère humaine.* »

Si l'on compare la position de Wagner à celle de Marx, lui aussi pro-prussien en 1870, ce dernier espérait, par l'issue de la guerre, l'instauration du communisme associatif en France, de là sa défense de la Commune contre Bismarck quand celle de Wagner s'inscrit dans le cadre de son militantisme pour le IIe Reich, ignorant la thèse engélienne d'une Prusse toujours féodale. C'est alors le rapprochement bakounien entre guerre et révolution qui se manifeste puisque ses écrits révolutionnaires et ses opéras ne tiennent aucun compte de ce que Engels appelle la « *guerre* » des paysans prussiens du XVIe siècle et il s'adresse aux « *chevaliers* » français en ne connaissant que la Révolution bourgeoise de 1789 – il parle de Georges Danton –, donc sans savoir qu'elle était postérieure à la Révolution paysanne contre la féodalité. Les historiens marxistes ayant, depuis, largement écrit sur cette révolution, l'historien Jules Michelet avait précisé leur différence : « *Avant que les municipalités s'organisent, le village se gouverne, se garde, se défend, comme association armée d'habitants du même lieu* », le vrai fondement de la citoyenneté.

Ici intervient la limite des *correspondances* dans toutes les acceptions du terme car, après la défaite française à Sedan, les wagnériens français peinent à défendre ses œuvres. Celui qui s'était plusieurs fois présenté après 1849 tel un « *réfugié politique* » en France mesure d'ailleurs les conséquences musicales et donc la raréfaction française de ses ressources financières : « *Qu'est-ce que jouera Pasdeloup ? Il n'osera plus jamais jouer une note allemande ! En effet, il faut que j'arrange Bayreuth* » qui devient de ce fait le lieu de la résistance désormais allemande à l'ostracisme français. De plus, avec ses amis « *chevaliers* », les lettres s'espacent et, à compter de 1876, Judith Gautier restera la seule correspondante – si l'on exclut de Gobineau, venu sur le tard et hors logique révolutionnaire. Il faut alors ajouter une raison extra-politique puisqu'une lettre de Wagner de 1878 – la dernière ici mentionnée – prouve que, peut-être pour des raisons de sollicitations intéressées, Judith a fini par le repousser. Il est manifeste que l'intrication de plus en plus fréquente, en une même lettre, de déclarations d'amour et de commandes de marchandises rendent les premières suspectes, d'ailleurs celui qui lui demande de faire ses « *commissions* » reconnaît qu'elle pouvait se lasser : « *Ingrat que je suis ! Ces caisses, cette multitude de choses dont la recherche vous doit avoir causé des peines inouïes !* »

Outre que, sans doute, Wagner fut en partie responsable du divorce avec Judith, Mendès, lui-même sollicité encore en 1873 afin d'acheter à Paris des livres sur l'Inde destinés à la bibliothèque du compositeur, donne surtout une des raisons essentielles de la détestation de Wagner en France à compter de la guerre de 1870. Ignorant sans doute ses compositions pro-prussiennes, il ne tolère pas, après 1882, ce supplément qu'est le livret du compositeur intitulé *Une Capitulation, comédie à la manière antique* daté de la fin de 1870 : « *Oui, l'auteur de* Parsifal *a écrit contre la France, contre Paris assiégé et vaincu, une pantalonnade abjecte et stupide. Et dans quel moment, juste ciel ! Nous nous tordions d'angoisse, il sautelait sur nous, cet éléphant, en se donnant des airs d'écureuil et quand, dans la ville assiégée, les hommes étaient rouges de sang et noirs de poudre, il se moquait du fard rose et de la poudre de riz de nos femmes. C'était infâme, infâme vous dis-je. Ceux d'entre nous qui avaient été ses amis cessèrent d'être, au demeurant, ses fervents apôtres, et nous ne lui tiendrons plus les mains qui l'applaudissaient.* » Selon un principe qui figurait dans l'*Encyclopédie* de Diderot et d'Alembert, Mendès dissocie donc l'œuvre et de l'auteur : « *Mais, enfin, est-ce qu'une brochure de vingt pages annule douze partitions ? Est-ce que* la Capitulation *annule* Tristan ? »

À titre de référent à ce sujet, Mendès, présent lors de la représentation de *L'Or Du Rhin* à Munich en 1869, ne pouvait ignorer que sa relation par Villiers de L'Isle-Adam avait paru dans le journal *L'Universel* avec ce chapeau : « *Nous insérons l'article suivant sans partager l'enthousiasme de son auteur pour la musique de Wagner. Il nous a paru intéressant, pour nos lecteurs, d'avoir le compte rendu d'une pièce qui n'a pas été jouée et autour de laquelle s'est fait une quasi-émeute.* » Il s'agit donc d'information au sens moderne du respect de la liberté d'expression, mais tout en opérant un rejet du contenu de l'œuvre, et il faut aller plus loin car à « *l'émeute* » de Munich vont succéder celles de Paris. Tout particulièrement, en 1887, alors que Wagner est mort depuis cinq ans, la représentation de *Lohengrin* à l'Eden Théâtre est marquée par l'intervention violente de manifestants qui, selon Schuré militant pour la liberté d'expression, ont suivi les « *journaux infâmes* » qui les ont incités à crier : « *À bas Wagner ! À bas l'Allemagne* », une invitée est même ainsi apostrophée : « *Madame, si vous êtes française, n'entrez pas.* » Le résultat sera l'annulation des représentations suivantes à la demande du président du Conseil des Ministres. Contrairement à Schuré qui, pourtant alsacien, est resté fidèle au compositeur par enthousiasme germanique, Champfleury adopte une autre liberté d'expression qui en dit long sur la distance séparant le Champfleury de la Révolution de 1848, sinon du Wagner de l'insurrection de Dresde de 1849, du moins de celui qui avait fini sa vie en louant le retour de l'Empire germanique : « *L'on doit être démocratique, c'est-à-dire s'adresser aux masses, émouvoir le peuple comme la bourgeoisie. Très partisan des hautes tentatives de Wagner, son défenseur à l'origine, je ne puis, malgré sa valeur intellectuelle, le suivre, lui et ses enthousiasmes, dans les représentations exceptionnelles auxquelles ne peut assister le peuple.* » Il était donc manifeste, dans l'esprit d'un contemporain, que l'ambition wagnérienne, sans cesse renouvelée dans ses écrits révolutionnaires, de s'adresser au peuple, procédait plutôt de son mépris.

Quant au nationalisme, il tient au compositeur révolutionnaire de 1849 qui voyait *l'Anneau des Nibelungen* tel une « *histoire universelle tirée de la légende* » alors qu'il avait parallèlement parlé des Germains envahisseurs de l'Empire romain comme les « *nouveaux maîtres du monde* ». Si, au temps de Wagner, l'Allemagne n'était pas encore une puissance coloniale, cette hégémonie laisse entrevoir que, ensuite, la représentation de l'*Anneau* partout dans ce « *monde* » pourra servir sa visée coloniale à l'instar les westerns américains certes plus populaires. Nerval notait en effet en 1850 : « *Lohengrin est un des chevaliers qui vont à la recherche de Saint-Graal. C'était le but, au Moyen Âge, de toutes les expéditions aventureuses, comme à l'époque des Anciens, la Toison d'or et, aujourd'hui, la Californie.* » Le noble Siegfried détenant l'or des Nibelungen, la réalité impose de raisonner en fonction de.la conquête de l'or dans l'Ouest américain mais, par-delà le germanisme, Nerval avait bien insisté sur l'appartenance de Lohengrin à une ère « *féodale* » européenne qui, dans sa logique de conquête, rejoignait la remarque de Wagner sur les « *maîtres du monde* ». D'ailleurs, Nerval avait parlé en 1845 du « *fanatisme* » qui poussait alors « *instinctivement la race blanche transplantée en Amérique à lu destruction des habitants primitifs* ».

La participation du Wagner courtisan à l'insurrection de Dresde de 1849 doit d'autant plus être relativisée que Nerval parlait d'un opéra *féodal* commencé en 1845 et que Baudelaire écrira sur un *Tannhäuser* remontant à 1842 pour noter l'essentiel : « *On dirait que Wagner aime d'un amour de prédilection les pompes féodales.* » Plus catégorique : « *Qui donc, en entendant ces accents si riches et si fiers, ce rythme pompeux élégamment cadencé, ces fanfares royales, pourrait se figurer autre chose qu'une pompe féodale, une défilade d'hommes héroïques, dans des vêtements éclatants, tous de haute stature, tous de grande volonté et de foi naïve, aussi magnifiques dans leurs plaisirs que terribles dans leurs guerres ?* » À l'instar de Bakounine, il existait donc bien une *correspondance* entre l'écrit *révolutionnaire* sur l'art *de l'avenir* et le contenu *guerrier* des opéras et elle empêchait toute dissociation entre l'homme et l'œuvre.

C'était évident pour Hitler qui, après avoir indiqué dans *Mein Kampf* sa découverte de *Lohengrin* à douze ans, sortira de la mystification à propos de *Parsifal* – son père – : « *Ce n'est pas la religion de la pitié qui y est glorifiée, selon l'évangile néo-chrétien de Schopenhauer, c'est le culte du sang noble et précieux.* » De l'opéra débuté en 1845 à l'ultime de 1882, la voie est celle du « *sang sain* » germain tracée par Wagner en 1849, de plus il est pour Hitler le « *grand réformateur* » : « *Celui qui veut comprendre l'Allemagne national socialiste doit nécessairement connaître Wagner.* » Il assistera alors tous les ans au festival de Bayreuth après avoir trouvé dans le cinquantième anniversaire de sa mort en 1933, l'année même de son accession au pouvoir, matière à fêter l'impérialiste du IIe Reich. Le Festival était alors en faillite et, ainsi que le rapporte Jean-Louis Gaston Pastre qui couvre l'événement pour la *Revue hebdomadaire française*, il est sauvé grâce à « *l'appui financier donné par Le Reich* [n° III] *aux fêtes wagnériennes* », prolongement sur fonds publics de l'aide de Louis II de Bavière, mais pour d'autres raisons. Le journaliste relève notamment la présence du « *prince Auguste, fils de Guillaume II, en uniforme de général hitlérien* » et, surtout, qu'« *il est présentement dans la norme germanique de comparer Hitler à Wagner* » : « *L'Olympien de Weimar et le Titan de Bayreuth sont les cimes de la culture germanique* » pour conclure, avec prémonition : « *L'Allemagne militaire et féodale ne tardera sans doute pas à renaître de ses cendres.* »

Pour preuve, l'écrivain français pro-nazi Lucien Rebatet, un temps membre de la milice de Vichy, journaliste à *Je suis partout*, soutiendra : « *Wagner m'a sans doute expliqué Hitler mieux que tout le reste. On n'est pas wagnérien sans avoir quelque goût pour le germanisme.* » Ces propos datent de l'époque où, après 1947, alors qu'il a été condamné à mort pour collaboration en 1946, gracié par le président de la République et condamné aux travaux forcés à perpétuité, Rebatet écrit de la prison de Clairvaux dont il sortira en 1952 pour mourir en 1972 sans avoir renié le lien entre wagnérisme et nazisme.

Écrits révolutionnaires

L'art et la révolution
(1849)

Presque universellement, aujourd'hui, les artistes se plaignent des dommages que la Révolution leur porte. Ce n'est ni ce grand combat de rue, ni l'ébranlement brusque et violent de l'édifice social, ni le changement rapide de gouvernement qu'ils accusent, l'impression que d'aussi formidables événements, considérés en eux-mêmes, laissent à leur suite, est, toutes proportions gardées, généralement passagère et ne cause qu'un trouble peu durable, mais c'est le caractère particulièrement persistant des derniers ébranlements qui affecte d'une façon si mortelle les modernes manifestations d'art. Les bases sur lesquelles reposaient jusqu'ici le gain, le commerce, la richesse sont maintenant menacées et, malgré le rétablissement du calme extérieur, malgré le retour complet de la physionomie de la vie sociale, un cuisant souci, une torturante angoisse ronge profondément le cœur de cette vie : la pusillanimité de l'esprit d'entreprise paralyse le crédit, qui veut conserver sûrement, renonce à un gain incertain, l'industrie languit et l'Art n'a plus de quoi vivre.

Il serait cruel de refuser une pitié humaine aux milliers d'êtres en proie à cette détresse. Il y a peu de temps encore, habituellement, l'artiste en vogue recevait, de la classe aisée et insoucieuse de notre société fortunée, un salaire d'or en prix de ses productions qui plaisaient et pouvait prétendre également à la vie aisée et insoucieuse, aussi est-il dur pour lui de se voir aujourd'hui repoussé par des mains anxieusement fermées et livré à la misère de la lutte pour le pain quotidien ; il partage par là le sort du travailleur manuel qui, jadis, pouvait occuper ses mains adroites à créer pour le riche mille commodités agréables et doit maintenant les laisser oisives et les appuyer sur son ventre affamé. Il a donc le droit de se plaindre, car à celui qui souffre la nature a donné les larmes. Mais a-t-il le droit de se confondre avec l'Art même, de considérer dans ses plaintes sa propre détresse comme la détresse de l'Art et d'accuser la Révolution parce qu'elle diminue la facilité qu'il avait de pourvoir à sa subsistance ? Voilà la question qu'il faudrait poser. Avant de la résoudre l'on devrait au moins interroger les artistes qui, par leurs paroles et par leurs actions, firent connaître qu'ils aimaient et pratiquaient l'Art purement pour l'Art même, artistes qui (ceci peut se démontrer) souffraient également à l'époque où les autres se réjouissaient.

La question concerne donc l'Art et son essence même. Ce n'est point une définition abstraite de l'Art que nous cherchons ici, il ne s'agit naturellement que d'approfondir la signification de l'Art comme résultat de la vie commune, de reconnaître l'Art en tant que produit social. Une rapide vue d'ensemble des principales époques de l'histoire de l'Art, en Europe, nous rendra à ce sujet de précieux services et nous aidera à éclaircir la question importante que nous nous posons.

En y réfléchissant, nous ne pouvons faire un pas dans l'étude de notre art sans nous apercevoir de sa cohésion avec l'art des Grecs. En réalité, notre art moderne n'est qu'un chaînon de l'évolution artistique de l'Europe entière et cette évolution a son point de départ chez les Grecs. Lorsqu'il eut triomphé de la grossière religion naturelle de la patrie asiatique et qu'il eut placé au sommet de sa conscience religieuse le bel et fort homme libre, l'esprit grec, tel qu'il se manifesta à son apogée dans l'État et dans l'Art, trouva son expression la plus adéquate en Apollon qui fut réellement le dieu souverain, le dieu national des races helléniques. Apollon, le meurtrier de Python le dragon du chaos, Apollon qui avait anéanti de ses coups mortels les fils de la vaniteuse Niobé, révélait par la bouche de sa prêtresse de Delphes la loi primitive de l'esprit et de l'essence grecs et mettait ainsi, sous les yeux de l'homme entraîné dans une action passionnée, le miroir calme et clair de son intime et inaltérable nature grecque : Apollon était l'exécuteur de la volonté de Zeus sur la terre grecque, il était le peuple grec même.

Ce n'est point sous la forme de l'efféminé musagète – forme unique sous laquelle nous l'a transmis l'art plus tardif et plus luxuriant de la sculpture – que nous devons nous figurer Apollon à l'époque de pleine floraison de l'esprit grec, mais empreint d'une joie grave, beau mais fort, tel que le connut le grand tragique Eschyle. Ainsi apprenait à le connaître le jeune Spartiate quand, par la danse et par la lutte, il développait la grâce et la force de son corps svelte ; quand, enfant, emporté à cheval par l'aimé, il était entraîné au loin dans des aventures audacieuses ; quand, adolescent, il prenait rang parmi ses compagnons auprès desquels il ne faisait pas valoir d'autres titres que ceux de sa beauté et de son charme qui constituaient seuls sa puissance et sa richesse. Ainsi le voyait l'Athénien quand toutes les impulsions de son beau corps, de son esprit incessamment actif, le poussaient à faire renaître son essence intime par l'expression idéale de l'Art ; quand sa voix pleine et sonore s'élevait dans le chœur pour chanter les créations du dieu et marquer aux danseurs le rythme plein d'élan de la danse qui, par son mouvement gracieux et hardi, représentait ces actions mêmes ; quand, sur des colonnes harmonieusement ordonnées, il voûtait le noble toit, qu'il rangeait les uns au-dessus des autres les vastes hémicycles de l'amphithéâtre et projetait les dispositions ingénieuses de la scène. Tel encore le dieu splendide apparaissait au poète tragique, inspiré par Dionysos qui montrait à tous les éléments des arts, arts surgis non par ordre, mais d'eux-mêmes, par nécessité naturelle intérieure, le mot hardi qui enchaîne, le but poétique sublime où tous devaient se réunir comme en un foyer unique, pour produire la plus haute œuvre d'art concevable : le Drame.

Là, les actions des dieux et des hommes, leurs souffrances, leurs joies – telles qu'elles étaient révélées sombres ou claires dans l'essence supérieure d'Apollon sous forme de rythme éternel, d'éternelle harmonie de tout mouvement – prenaient une réalité sensible ; car toutes les choses qui s'agitaient et vivaient en elles, comme elles s'agitaient et vivaient dans l'âme du spectateur, trouvaient leur expression la plus accomplie là où l'œil et l'oreille, l'esprit et le cœur, saisissaient et percevaient tout en pleine vie, directement, voyaient en réalité, corporellement et spirituellement, tout ce que l'imagination eut été, sans cela, réduite à construire. Ces jours de tragédie étaient des fêtes divines, car le dieu s'exprimait alors clairement et distinctement : le poète était son grand prêtre, il s'incorporait réellement avec son œuvre, conduisait les danses, élevait la voix dans le chœur et en paroles sonores proclamait les sentences du savoir divin.

Voilà l'œuvre d'art grecque, voilà Apollon incarné dans un art réel, vivant, voilà le peuple grec dans sa vérité, dans sa beauté la plus haute. Ce peuple, montrant en chacune de ses portions, en chacune de ses unités une individualité et une originalité surabondantes, incessamment actif, ne voyant dans le but d'une entreprise que le point de départ d'une entreprise nouvelle, éprouvant des froissements intérieurs continuels, faisant et défaisant chaque jour des alliances, chaque jour s'engageant dans d'autres luttes, réussissant aujourd'hui, échouant demain, menacé aujourd'hui par un péril extrême, accablant demain son ennemi jusqu'à l'anéantir, se développant à l'intérieur et à l'extérieur le plus constamment, le plus librement possible, ce peuple refluait de l'assemblée, du tribunal, de la campagne, des vaisseaux, des camps, des contrées les plus lointaines et venait remplir un amphithéâtre de trente mille places pour voir représenter la plus profonde de toutes les tragédies, le *Prométhée*, pour se ressaisir devant l'œuvre d'art la plus puissante, pour comprendre sa propre activité, pour s'identifier le plus complètement possible avec son essence, son âme collective, son dieu et redevenir ainsi, dans le calme le plus noble et le plus profond, ce qu'il avait été peu d'instants auparavant dans l'agitation la plus infatigable et l'individualisation la plus outrée.

Le Grec, toujours jaloux de son indépendance personnelle la plus grande, poursuivant partout le « tyran » qui, fut-il lui-même sage et noble, pouvait chercher à le dominer et à comprimer son libre et hardi vouloir ; méprisant cette confiante mollesse qui, à l'ombre flatteuse d'une sollicitude étrangère, se couche pour se reposer paresseusement, égoïstement ; sans cesse sur ses gardes, repoussant infatigablement les influences étrangères, n'accordant à aucune tradition, si ancienne et si respectable fut-elle, un pouvoir sur la liberté de sa vie, de ses actions, de sa pensée actuelles, le Grec se taisait à l'appel du chœur, il se soumettait volontiers à la convention pleine de sens de l'ordonnance scénique, il obéissait de bon gré à la grande nécessité dont l'auteur tragique lui proclamait les sentences sur la scène par la bouche de ses dieux et de ses héros. Car, dans la tragédie, il se retrouvait lui-même, il retrouvait la partie la plus noble de son être, unie aux parties les plus nobles de l'âme collective de la nation entière ; de lui-même, des profondeurs de sa nature dont il prenait conscience, il interprétait par l'œuvre d'art tragique l'oracle de la Pythie, il était dieu et prêtre à la fois, splendide homme divin, lui dans la communauté, la communauté en lui, semblable à l'une de ces mille fibres qui, dans une seule plante vivante, surgissent du sol, s'élèvent dans les airs d'un mouvement élancé pour porter une seule fleur superbe qui jette à l'éternité son enivrant parfum. Cette fleur était l'œuvre d'art, ce parfum l'esprit grec qui, aujourd'hui encore, nous grise et nous transporte au point de nous faire reconnaître que nous aimerions mieux être, pendant une demi-journée, grec en face de l'œuvre d'art tragique que dans l'éternité dieu et non grec.

La décadence de la tragédie se produit en même temps que la dissolution de l'État athénien. Tandis que l'âme collective se dispersait en mille directions égoïstes, se résolvait aussi en les différents éléments d'art qui la constituaient la grande œuvre d'art commune de la tragédie ; sur les ruines de la tragédie pleura avec un rire fou le poète comique Aristophane et toute création d'art cessa finalement pour faire place aux graves méditations de la philosophie qui réfléchit aux causes de l'instabilité de la beauté et de la force humaines.

C'est à la philosophie, non à l'Art, qu'appartiennent les deux mille ans qui se sont écoulés depuis la mort de la tragédie grecque jusqu'à nos jours. De temps à autre, il est vrai, l'Art jeta des éclairs à travers la nuit de la pensée inassouvie, de la folie du doute qui possédait l'humanité, mais ce n'étaient là que des cris de douleur et de joie de l'individu qui échappait au chaos général et, comme un étranger, venant de lointaines contrées, égaré par bonheur, arrivait à la murmurante source solitaire de Castalie et y trempait ses lèvres assoiffées sans pouvoir offrir au monde la boisson rafraîchissante ; ou bien l'Art servait l'une de ces idées, l'une de ces imaginations qui, tantôt plus mollement, tantôt plus durement, opprimaient l'humanité souffrante et enchaînaient la liberté de l'individu comme celle de la communauté ; jamais il n'était l'expression libre d'une communauté libre, car le véritable Art est la liberté la plus haute et il ne peut proclamer que la liberté la plus haute, il ne peut laisser naître aucune autorité, aucun pouvoir, en un mot aucune force antiartistique.

Les Romains, dont l'art national avait précocement cédé à l'influence des arts grecs complètement développés, se firent servir par des architectes, des sculpteurs, des peintres grecs, leurs beaux esprits s'exercèrent à la rhétorique et à la versification grecques, mais ils n'ouvrirent pas le grand théâtre populaire aux dieux et aux héros du mythe, aux libres danseurs et chanteurs du chœur sacré ; des bêtes féroces, des lions, des panthères et des éléphants devaient se déchirer dans l'amphithéâtre pour flatter les yeux romains ; des gladiateurs, esclaves dressés aux exercices de force et d'adresse, devaient réjouir de leurs râles les oreilles romaines.

Ces brutaux vainqueurs du monde ne se plaisaient qu'aux plus positives réalités, leur imagination ne pouvait s'assouvir que de la manière la plus matérielle. Les philosophes, qui fuyaient craintivement la vie publique, ils les laissaient se livrer en paix à l'abstraction, publiquement, même, ils aimaient à s'abandonner à la plus concrète soif de meurtre, à voir paraître devant eux la souffrance humaine dans son absolue réalité physique. Ces lutteurs et ces gladiateurs étaient les fils de toutes les nations d'Europe et les rois, les nobles et le peuple de ces nations étaient tous également esclaves de l'empereur romain qui leur prouvait ainsi pratiquement que tous les hommes étaient égaux, mais cet empereur, à son tour, voyait ses obéissants prétoriens lui montrer, fort souvent d'une manière nette et tangible, que lui-même n'était rien qu'un esclave.

Cet esclavage, qui se manifestait réciproquement et en tous sens si clairement, si indéniablement, réclamait, comme toute chose générale au monde, une expression spécifique. L'abaissement et l'infamie communes, la conscience de la perte complète de toute dignité humaine, le dégoût – finalement inévitable – des plaisirs matériels, les seuls qui leur fussent restés, le profond dédain d'une activité propre qui avait perdu depuis longtemps, avec la liberté, toute âme et toute impulsion artistique, cette lamentable existence sans vie réelle, active, ne pouvait trouver qu'une expression, expression qui – générale sans doute comme cet état même – devait être précisément l'antipode de l'Art. L'Art est la joie d'être soi-même, de vivre, d'appartenir à une communauté ; l'état général à la fin de la domination romaine était au contraire le mépris de soi-même, le dégoût de l'existence, l'horreur de la vie commune. La faculté de traduire cet état appartenait donc non à l'Art, mais bien au Christianisme.

Le Christianisme justifie une existence sans honneur, inutile, lamentable de l'homme sur terre, par le merveilleux amour de Dieu qui n'a nullement créé l'homme – ainsi que le croyaient erronément les beaux Grecs – pour vivre sur la terre avec une joyeuse conscience de soi, mais l'a enfermé ici-bas dans un répugnant cachot pour lui préparer, en récompense de s'être imbibé là du mépris de lui-même, après la mort, une éternité de la plus commode et de la plus inactive des splendeurs. L'homme pouvait donc et même devait rester dans le plus profond état d'abaissement inhumain, il ne devait exercer aucune activité vitale, car cette vie maudite était l'empire du diable, c'est-à-dire des sens et, par toute activité dans cette vie, il aurait travaillé au profit du diable, c'est pourquoi le malheureux qui s'emparait de la vie avec une force joyeuse devait souffrir, après la mort, l'éternelle torture de l'enfer. L'on n'exigeait de l'homme que la Foi, c'est-à-dire l'aveu de son dénuement et le renoncement à tout effort personnel pour s'arracher à ce dénuement dont seule la Grâce imméritée de Dieu devait le délivrer.

L'historien ne sait point avec certitude si telle a été également la pensée de ce pauvre fils de charpentier galiléen qui, à la vue de la misère de ses semblables, s'écriait qu'il était venu sur la terre pour apporter, non la paix, mais le glaive, tonnait avec une indignation pleine d'amour contre ces pharisiens hypocrites qui flattaient lâchement la puissance romaine et, d'autant plus cruellement, comprimaient et enchaînaient le peuple, prêchait enfin l'universel amour de l'homme, amour dont il n'aurait point certes pu croire capables ceux qui devaient se mépriser eux-mêmes. Le penseur distingue plus nettement l'énorme zèle avec lequel Paul, le pharisien merveilleusement converti, suivait d'une manière évidemment heureuse pour convertir les païens le précepte : « *Soyez prudents comme les serpents, etc.* » ; il peut également éprouver le terrain historique, caractérisé par le plus profond et le plus général abaissement du genre humain civilisé d'où la plante du dogme chrétien finalement achevé surgit fécondée. Mais ce que l'artiste probe reconnaît du premier coup d'œil, c'est que le Christianisme n'était pas de l'Art et ne pouvait en aucune manière donner naissance au véritable art vivant.

Le Grec libre qui se plaçait au sommet de la nature pouvait, de la joie de l'homme intérieur, créer l'Art ; le chrétien qui rejetait également la nature et lui-même, ne pouvait sacrifier à son Dieu que sur l'autel du renoncement, il ne pouvait lui porter en don ce qu'il faisait, ce qu'il produisait, mais il croyait se le devoir rendre favorable en s'abstenant de toute création personnelle hardie. L'Art est la plus haute activité de l'homme physiquement bien développé, en harmonie avec lui-même et avec la nature ; l'homme doit éprouver vis-à-vis du monde physique la plus haute joie s'il veut en tirer l'instrument d'art, car ce n'est que du monde physique seul qu'il peut prendre la volonté de faire œuvre d'art. Le Chrétien, s'il avait voulu réellement créer l'œuvre d'art correspondant à sa croyance, aurait au contraire dû, dans l'essence de l'esprit abstrait, la grâce de Dieu, prendre la volonté et trouver l'instrument, mais quel aurait pu être son but ? Ce ne pouvait être la beauté physique qui, selon lui, émanait du diable ! Et comment l'esprit aurait-il pu d'ailleurs produire quelque chose de perceptible aux sens ?

Toute subtilité de raisonnement est ici stérile, les événements historiques montrent le plus clairement possible le résultat des deux mouvements opposés. Tandis que les Grecs, pour leur édification, se réunissaient dans l'amphithéâtre pendant quelques heures remplies d'impressions profondes, les Chrétiens s'enfermaient, leur vie durant, dans un cloître ; là-bas c'était l'assemblée du peuple, ici l'Inquisition qui jugeait ; le développement de l'État conduisit là à une démocratie sincère, ici à un absolutisme hypocrite.

L'hypocrisie est le trait le plus saillant, la physionomie propre de tous les siècles chrétiens jusqu'à nos jours et ce vice s'accusa toujours plus vif et plus éhonté à mesure que l'humanité tirait de son intarissable source intérieure, malgré le Christianisme, une fraîcheur nouvelle et devenait mûre pour la solution de son véritable problème. La nature est si forte, elle enfante toujours à nouveau si inépuisablement, qu'aucune puissance imaginable ne serait capable d'amoindrir sa force de production. Dans les veines malades du monde romain se répandit le sang sain des jeunes nations germaines, malgré l'adoption du Christianisme, un fort instinct d'activité, le goût des entreprises hardies, une indomptée confiance en soi-même restèrent l'élément des nouveaux maîtres du monde. De même que, dans toute l'histoire du Moyen Âge, nous rencontrons toujours la lutte du pouvoir temporel contre le despotisme de l'Église romaine comme le trait le plus saillant, l'expression artistique de ce nouveau monde ne pouvait se faire jour, là où elle cherchait à se manifester, qu'en opposition, en lutte, avec l'esprit du Christianisme ; en tant qu'expression d'une unité parfaitement harmonique du monde – tel était l'art du monde grec –, l'art du monde chrétien ne pouvait se manifester, car au plus profond de lui-même existait, entre la conscience et l'instinct vital, entre l'imagination et la réalité, une irréparable et irréconciliable scission.

La poésie chevaleresque du Moyen Âge qui, comme l'institution de la chevalerie elle-même, devait opérer la réconciliation, ne put que mettre en évidence dans ses productions les plus marquantes le mensonge de cette réconciliation, plus haut et plus hardiment elle s'élevait, plus visible devenait l'abîme qui s'ouvrait entre la vie réelle et l'existence imaginaire, entre la conduite grossière, violente de ces chevaliers dans la vie matérielle et l'aspect idéalisé, ultra tendre, sous lequel on les représentait. La vie réelle, sortie de mœurs populaires nobles et nullement dénuées de charme, devint sale et vicieuse, précisément parce qu'elle ne pouvait nourrir de son essence même, de la joie d'être et de se manifester au dehors, l'instinct artistique, mais devait s'en rapporter, pour toute activité psychique, au Christianisme qui, de prime abord, rejetait, en la représentant comme damnable, toute joie de vivre. La poésie chevaleresque fut l'hypocrisie honnête du fanatisme, le délire de l'héroïsme, elle substitua la convention à la nature.

Du jour où le feu religieux de l'Église fut éteint, où l'Église ouvertement ne se manifesta plus que comme despotisme temporel directement sensible, en relation avec l'absolutisme temporel du souverain, absolutisme sanctifié par elle et non moins directement sensible, devait se développer ce que l'on appelle la *Renaissance des arts*. Les choses dont on s'était si longtemps tourmenté le cerveau, on voulait les voir enfin réellement devant soi, comme on voyait l'Église elle-même rayonnante de splendeurs mondaines, et l'on ne pouvait y arriver autrement qu'en ouvrant les yeux et en rendant ainsi leurs droits aux sens. Or, se représenter les choses de la religion, les créations extatiques de la fantaisie, sous une forme sensible de beauté et prendre un plaisir artistique à cette beauté, c'était la négation complète du Christianisme même et le fait de devoir chercher pour ces créations d'art un guide dans l'art païen des Grecs fut l'outrage le plus humiliant que dut subir le Christianisme. Néanmoins l'Église s'appropria cet instinct artistique réveillé et, en conséquence, ne dédaigna pas de s'orner des plumes étrangères du paganisme et de se poser ainsi publiquement en menteuse et hypocrite.

Mais le pouvoir temporel eut aussi part à la renaissance des arts. Après de longues luttes, ayant affermi les bases de leur pouvoir, les princes, en possession de richesses sûres, sentirent s'éveiller en eux le désir de jouir de ces richesses avec plus de raffinement ; pour ce faire, ils prirent à leur solde les arts empruntés aux Grecs, l'art « libre » était au service du grand seigneur et, tout bien considéré, l'on ne saurait dire lequel était le plus hypocrite, Louis XIV qui, à son théâtre royal, se faisait réciter d'habiles tirades contre les tyrans grecs ou Corneille et Racine qui, aux applaudissements de leur maître, mettaient dans la bouche de leurs héros de théâtre l'ardeur de liberté et la vertu politique de la Grèce et de la Rome anciennes.

Est-ce qu'un art réel et sincère pouvait donc exister là où il ne s'élevait pas de la vie comme l'expression d'une communauté libre, consciente d'elle-même, mais était au service de puissances opposées au libre développement de la communauté et, par conséquent, devait être transplanté arbitrairement de contrées étrangères ? Certes non. Et cependant, nous allons voir que l'Art, au lieu de se délivrer de maîtres quasi convenables comme l'étaient l'Église spirituelle et les princes instruits, se vendit corps et âme à une maîtresse bien pire : l'Industrie.

Le Zeus grec, le père de la Vie, envoyait de l'Olympe, en messager aux dieux quand ils erraient de par le monde, le dieu jeune et beau Hermès ; il était la pensée active de Zeus ; porté par ses ailes il descendait des hauteurs pour annoncer l'omniprésence du dieu suprême ; il assistait aussi à la mort de l'homme ; il accompagnait les ombres des trépassés dans le calme royaume de la nuit car, partout où la grande nécessité de l'ordre naturel s'annonçait clairement, Hermès agissait et se manifestait comme la volonté accomplie de Zeus.

Les Romains avaient un dieu, Mercure, qu'ils comparaient à l'Hermès grec. Mais son activité ailée acquit chez eux une signification pratique elle devint, à leurs yeux, l'esprit d'industrie sans cesse en éveil de ces marchands, bas trafiquants et usuriers qui refluaient de toutes les extrémités du monde romain vers le centre pour fournir aux richards, en échange d'un payement avantageux, tous les plaisirs des sens que le pays environnant ne pouvait leur offrir. Les Romains, considérant le commerce dans son essence et dans ses manifestations, y voyaient en même temps une supercherie et, bien que, à cause de leur soif toujours grandissante de plaisir, ce monde mercantile leur semblât un mal nécessaire, ils nourrissaient un profond mépris de ses pratiques, ainsi, pour eux, le dieu des marchands, Mercure, devint également le dieu des trompeurs et des fripons.

Mais ce dieu méprisé se vengea des Romains orgueilleux et s'érigea, à leur place, en maître du monde, couronnez sa tête de l'auréole de l'hypocrisie chrétienne, ornez sa poitrine de l'insigne d'ordres de chevalerie féodaux trépassés et vous l'aurez, le dieu du monde moderne, le très saint et très noble dieu du cinq pour cent, le chef et l'ordonnateur des fêtes de notre « art » d'aujourd'hui. Vous le voyez devant vous, en chair et en os, dans la personne d'un banquier anglais bigot dont la fille a épousé un chevalier de l'ordre de la jarretière ruiné, faisant chanter en sa présence les premiers chanteurs de l'opéra italien, dans son salon plutôt qu'au théâtre (bien entendu même là en aucun cas le saint jour du dimanche), parce qu'il a la gloire de les devoir payer là plus cher encore qu'ici. Voilà Mercure et son docile serviteur l'art moderne.

Voilà l'art tel qu'il remplit, à présent, tout le monde civilisé ! Sa véritable essence est l'industrie, son but moral le gain, son prétexte esthétique la distraction des ennuyés. Du cœur de notre société moderne, du centre de son mouvement circulatoire, la spéculation en grand, notre art prend son suc nourricier ; il emprunte une grâce sans âme aux restes sans vie d'une convention chevaleresque moyenâgeuse et daigne descendre de là, avec l'affectation de la charité chrétienne qui ne méprise pas même l'obole du pauvre, jusqu'aux profondeurs du prolétariat, énervant, démoralisant, déshumanisant, en quelque endroit que le poison de sa sève se répande.

C'est au théâtre qu'il siège de préférence, tout comme l'art grec à son apogée, et il a droit au théâtre étant l'expression de la vie publique de notre époque. Notre art théâtral moderne incarne l'esprit dominant de notre vie publique, il l'exprime et le répand quotidiennement comme jamais art ne le fit, car il prépare ses fêtes chaque soir dans presque toutes les villes d'Europe. Ainsi, sous forme d'art dramatique extraordinairement répandu, il caractérise apparemment la floraison de notre civilisation comme la tragédie grecque caractérisait l'apogée de l'esprit grec, mais cette floraison est celle de la pourriture d'un ordre des choses et des relations humaines vides, sans âme, contre nature.

Nous n'avons pas même besoin de caractériser ici plus exactement cet ordre de choses, il nous suffit d'éprouver honnêtement le contenu et l'action publique de notre art et, particulièrement de l'art théâtral, pour reconnaître en lui comme en un miroir fidèle, l'esprit dominant de la généralité, car l'art public fut toujours un miroir fidèle. Et ainsi, nous ne reconnaissons en aucune manière, dans notre art théâtral public, le véritable drame, cette œuvre d'art unique, indivisible, la plus grande de l'esprit humain ; notre théâtre offre simplement le lieu adapté à la représentation séduisante de productions isolées, à peine reliées superficiellement, artistiques ou, mieux, artificieuses. Combien notre théâtre est incapable d'opérer, dans un drame véritable, l'union de toutes les branches de l'Art sous la forme la plus haute, la plus accomplie, apparaît déjà dans sa division en deux genres, le drame et l'opéra, par laquelle on enlève au drame l'expression idéalisante de la musique et l'on refuse, de prime abord, à l'opéra, l'essence et la haute portée du véritable drame. Tandis que, en général, le drame ne pouvait ainsi jamais prendre un essor poétique, idéal, mais – sans même mentionner l'influence, négligeable ici, d'une publicité immorale – devait par le fait même de la pauvreté de ses moyens d'expression tomber des hauteurs dans les bas-fonds, de l'élément réchauffant de la passion à l'élément refroidissant de l'intrigue. L'opéra devint un véritable chaos d'éléments matériels voltigeant les uns parmi les autres, sans attache ni lien, dans lequel chacun pouvait choisir à son gré ce qui convenait le mieux à sa faculté de jouissance, soit les bonds élégants d'une danseuse, soit les passages périlleux d'un chanteur, soit l'effet brillant d'un décor, soit un déconcertant et volcanique éclat de l'orchestre. Ne lit-on pas en effet, aujourd'hui, que tel ou tel opéra nouveau est un chef-d'œuvre parce qu'il contient de beaux airs et de beaux duos en grand nombre, que l'instrumentation de l'orchestre est très brillante, etc. ? Le but, qui seul peut justifier l'emploi de moyens si variés, le grand but dramatique, personne n'y songe plus.

De semblables jugements sont bornés, mais sincères, ils montrent tout bonnement ce dont le spectateur s'occupe. Il y a également un grand nombre d'artistes en vogue qui ne contestent nullement qu'ils n'auraient d'autre ambition que de satisfaire ces spectateurs bornés. Très justement ils jugent ainsi : quand le prince, après un dîner laborieux, le banquier après d'énervantes spéculations, l'ouvrier après une fatigante journée de travail, arrivent au théâtre, ils veulent se reposer, se distraire, se divertir et non point tendre leur esprit et s'exciter de nouveau. Cet argument est d'une vérité si frappante que nous n'avons à y opposer que ceci : pour atteindre le but proposé, tous les moyens imaginables sont préférables à l'emploi de l'Art comme instrument et comme prétexte. Mais à cela on nous répond que, si l'on ne voulait pas employer l'Art de cette façon, l'Art cesserait d'exister et ne pourrait plus d'aucune manière être mis en contact avec la vie publique, c'est-à-dire que l'artiste n'aurait plus de quoi vivre. En ce sens tout est lamentable, mais sincère, vrai et honnête : abaissement civilisé, imbécillité chrétienne moderne !

Mais que devons-nous dire – les conditions étant incontestablement telles – de la comédie hypocrite jouée par certains de nos héros d'art dont la gloire est à l'ordre du jour quand ils se donnent l'air mélancolique d'artistes véritablement inspirés, quand ils cherchent à saisir des idées, emploient des rapports profonds, jouent les émotions violentes, remuent ciel et terre, en un mot quand ils procèdent comme les honnêtes artisans de tantôt pensent qu'il ne faut pas procéder si l'on veut se débarrasser de sa marchandise ? Que devons-nous dire quand ces héros refusent, réellement, de ne faire que divertir et même affrontent le danger d'ennuyer afin de passer pour profonds, quand ils renoncent ainsi à de grands profits et même – mais ceci n'est au pouvoir que d'un homme riche par la naissance – dépensent de l'argent pour leurs créations et accomplissent ainsi le plus grand sacrifice de soi aujourd'hui concevable ? Dans quel but cette monstrueuse dépense ? Ah ! il existe encore quelque chose en dehors de l'argent, une chose que l'on peut, entre autres plaisirs, se procurer de nos jours aussi grâce à l'argent : la Gloire ! Mais quelle gloire peut-on acquérir dans notre art public ? La gloire de la publicité même en vue de laquelle cet art est combiné et que l'ambitieux ne peut atteindre sans savoir se soumettre à ses triviales prétentions. Ainsi, il ment à lui-même et au public en lui livrant son œuvre disparate et le public le trompe et se trompe en lui prodiguant ses applaudissements, mais ce mensonge réciproque est bien digne, déjà, du grand mensonge de la gloire moderne et, en général, nous savons du reste couvrir nos passions les plus égoïstes des beaux mensonges capitaux du « *patriotisme* », de « *l'honneur* », de la « *légalité* », etc.

Mais d'où vient que nous jugions nécessaire de nous tromper si ouvertement les uns les autres ? De ce que ces idées et ces vertus existent, il est vrai, dans la conscience de notre société actuelle, sinon comme vertus, du moins comme remords. Car s'il est certain que le vrai et le sublime existent, il est certain aussi que le véritable Art existe. Les esprits les plus élevés et les plus nobles – esprits devant lesquels Eschyle et Sophocle se fussent inclinés en signe de joie comme des frères – ont, depuis des siècles, élevé leurs voix dans le désert, nous les avons entendus et leur appel résonne encore à nos oreilles, mais, dans nos cœurs vains et vulgaires, la résonnance vivante de leur appel s'est éteinte ; leur gloire nous fait trembler, mais leur art nous fait rire ; nous leur avons permis d'être de nobles artistes, mais nous les avons empêchés de faire l'œuvre d'art ; car la grande, la véritable, l'unique œuvre d'art ils ne peuvent la créer seuls, nous devons y collaborer aussi. La tragédie d'Eschyle et de Sophocle était l'œuvre d'Athènes.

À quoi nous sert cette gloire des nobles artistes ? À quoi nous servit que Shakespeare, comme un second créateur, nous révélât la richesse infinie de la vraie nature humaine ? À quoi nous servit que Beethoven donnât à la musique une force poétique virile, autonome ? Interrogez les misérables caricatures de vos théâtres, interrogez les rengaines infimes de vos musiques d'opéra et vous entendrez la réponse ! Mais avez-vous même besoin d'interroger ? Oh non ! Vous savez pertinemment ce qu'il en est, vous ne voulez du reste pas qu'il en soit autrement, vous faites seulement semblant de ne pas le savoir !

Qu'est-ce donc que votre art, votre drame ? La Révolution de février enleva à Paris aux théâtres la protection officielle et beaucoup d'entre eux menacèrent de tomber. Après les journées de juin, Cavaignac, chargé du maintien de l'ordre social existant, vint à leur secours et réclama aide pour conserver leur existence. Pourquoi ? Parce que la famine, le prolétariat seraient augmentés par la chute des théâtres. Voilà donc le seul intérêt que l'État prenne au théâtre ! Il voit en lui l'établissement industriel et, accessoirement, aussi, un dérivatif affaiblissant l'esprit, absorbant le mouvement, souverain contre l'agitation menaçante de l'intelligence humaine échauffée qui, dans la plus profonde tristesse, couve les moyens par lesquels la nature humaine déshonorée reviendra à elle-même, fût-ce aux dépens de l'existence de nos institutions théâtrales si bien adaptées à leur but ! Eh bien ! voilà qui est honnêtement dit et l'on peut rapprocher de la franchise de cette sentence les lamentations de nos artistes modernes et leur haine de la Révolution. Mais qu'est-ce que l'Art a de commun avec ces soucis, avec ces lamentations ?

Comparons maintenant l'art public de l'Europe moderne dans ses traits capitaux et l'art public des Grecs, afin de faire voir clairement leur différence caractéristique. L'art public des Grecs, tel qu'il était à son apogée dans la tragédie, était l'expression de ce qu'il y avait de plus profond et de plus noble dans la conscience du peuple :

ce qu'il y a de plus profond et de plus noble dans notre conscience d'hommes est l'antithèse, la négation de notre art public. Pour le Grec, la représentation d'une tragédie était une fête religieuse, sur la scène les dieux paraissaient et prodiguaient aux hommes leur sagesse ; notre mauvaise conscience place notre théâtre si bas dans l'estime publique qu'il peut entrer dans les attributions de la police d'interdire au théâtre de s'occuper en quoi que ce soit de choses religieuses, ce qui est également caractéristique pour notre religion et pour notre art. Dans le vaste espace de l'amphithéâtre grec, le peuple entier assistait aux représentations ; dans nos théâtres distingués paresse seulement la portion fortunée du peuple. Ses instruments d'art, le Grec les tirait des produits de la plus haute culture sociale ; nous les tirons des produits de la plus profonde barbarie sociale. L'éducation du Grec faisait de lui, corps et âme, dès sa plus tendre jeunesse, un objet de développement et de jouissance artistiques ; notre éducation stupide, restreinte le plus souvent en vue des seuls profits industriels à venir, nous donne la sotte et pourtant orgueilleuse satisfaction de notre inaptitude artistique et nous fait chercher les objets de toute distraction artistique hors de nous-mêmes, avec un désir semblable à celui du débauché qui recherche une jouissance passagère auprès d'une prostituée.

Le Grec était lui-même acteur, chanteur et danseur, par sa participation à la représentation d'une tragédie il prenait le plus grand plaisir à l'œuvre d'art même et il considérait, à juste titre, comme une distinction, d'être admis à ce plaisir grâce à sa beauté et à sa culture ; nous faisons dresser pour notre divertissement une certaine portion de notre prolétariat social qui se rencontre en vérité dans toutes les classes ; une vanité impure, le désir de plaire et, dans certaines conditions, la perspective de profits pécuniaires rapides et abondants emplissent les rangs de notre personnel théâtral. Tandis que l'artiste grec, en outre du plaisir qu'il prenait personnellement à l'œuvre d'art, était récompensé par le succès et par l'approbation du public, l'artiste moderne est engagé et payé. Ainsi donc nous arrivons à caractériser d'une façon définitive et rigoureuse cette différence essentielle : l'art public des Grecs était précisément de l'art, le nôtre est un métier artistique.

L'artiste, abstraction faite du but de son travail, prend plaisir à ce travail même, à manier la matière, à lui donner forme, la production prise en elle-même constitue pour lui une activité qui le réjouit et le satisfait, non un labeur. L'ouvrier s'occupe seulement du but de ses efforts, du profit que son travail lui apporte, l'activité qu'il déploie ne le réjouit pas elle n'est, pour lui, qu'une peine, une inéluctable nécessité et il en chargerait de grand cœur une machine, il ne peut s'attacher à son travail que par obligation, aussi son esprit n'y est-il point présent, mais se porte-t-il sans cesse au-delà vers le but qu'il voudrait atteindre le plus directement possible. Mais si le but immédiat de l'ouvrier n'est que la satisfaction d'un besoin personnel, par exemple la construction de sa propre demeure, la fabrication de ses propres outils, de ses vêtements, etc, le plaisir qu'il prendra aux objets utiles restés en sa possession fera naître aussi, en lui, peu à peu, un penchant à travailler la matière selon son goût personnel ; lorsqu'il se sera ainsi fourni du nécessaire, son activité, dirigée vers des besoins moins pressants, s'élèvera d'elle-même au niveau de l'art, mais s'il doit se dépouiller du produit de son travail, s'il ne lui en reste que la valeur pécuniaire abstraite, il est impossible que son activité s'élève jamais au-dessus d'une activité machinale, elle n'est pour lui qu'une peine, un triste, un amer labeur. C'est là le sort de l'esclave de l'industrie, nos fabriques actuelles nous offrent l'image lamentable de la plus profonde dégradation de l'homme : un labeur incessant, tuant l'âme et le corps, sans joie ni amour, souvent presque sans but.

La déplorable influence du Christianisme, ici également, n'est pas à méconnaître. En effet, comme le Christianisme plaçait le but de l'homme entièrement en dehors de son existence terrestre et que ce but seul, le Dieu absolu, extrahumain, avait une valeur pour lui, la vie ne pouvait être l'objet des soucis de l'homme qu'en proportion de ses plus inéluctables nécessités, car une fois qu'on avait reçu la vie, on était obligé de la conserver jusqu'à ce qu'il plût à Dieu de nous délivrer de son fardeau, mais ses besoins ne pouvaient, en aucune façon, éveiller en nous l'envie de travailler avec amour la matière que nous devions employer pour les satisfaire, seul le but abstrait de la stricte conservation de la vie pouvait justifier notre activité physique et, ainsi, nous voyons avec horreur, dans nos actuelles fabriques de coton, l'esprit du Christianisme directement réalisé : en faveur des riches. Dieu est devenu l'Industrie qui ne laisse vivre le pauvre ouvrier chrétien que jusqu'au moment où les célestes constellations commerciales amènent la bienheureuse nécessité de le congédier dans un monde meilleur.

Le Grec ne connaissait pas du tout le métier proprement dit. La satisfaction des soi-disant nécessités de l'existence qui, en vérité, constitue toute la préoccupation de notre vie tant privée que publique, ne parut jamais au Grec digne d'être, de sa part, l'objet d'une attention spéciale et continue. Son esprit ne vivait que dans la communauté, dans l'ensemble du peuple, les besoins de cette communauté constituaient sa préoccupation, mais ceux-ci étaient satisfaits par le patriote, l'homme d'État, l'artiste, non pas l'ouvrier. Pour partager les plaisirs de la communauté, le Grec sortait d'un intérieur simple, sans faste, il lui aurait paru honteux et bas de se livrer, derrière les murs somptueux d'un palais privé, à l'opulence et aux voluptés raffinées qui constituent aujourd'hui toute l'essence de la vie d'un héros de la bourse car, en ceci, le Grec se distinguait précisément du barbare orientalisé égoïste. Il pourvoyait à l'entretien de son corps dans les bains et les gymnases publics communs. Les vêtements, d'une noble simplicité, étaient l'objet de soins artistiques principalement de la part des femmes et, partout où il se heurtait à la nécessité du travail manuel, il avait la faculté naturelle d'en dégager le côté artistique et de l'élever à la hauteur d'un art. Les plus grossières des occupations domestiques, il s'en déchargeait sur l'esclave.

Cet esclave est devenu maintenant l'axe fatal des destinées du monde. L'esclave, par sa simple existence d'esclave estimée nécessaire, a dévoilé la vanité et l'instabilité de toute la beauté et de toute la force de l'humanisme particulariste des Grecs et a démontré, à tout jamais, que la beauté et la force comme fondements de la vie sociale ne peuvent créer un bonheur durable que si elles appartiennent à tous les hommes. Mais, malheureusement, on en est resté jusqu'ici à cette démonstration. En vérité, la révolution de l'humanité qui dure depuis des milliers d'années se manifeste presque uniquement dans le sens de la réaction, elle a abaissé jusqu'à elle, jusqu'à l'esclavage, l'homme beau et libre, l'esclave n'est pas libre, mais l'homme libre est devenu esclave.

Le Grec considérait l'homme beau et fort seul comme libre et cet homme, c'était évidemment lui, ce qui se trouvait en dehors de cet homme grec, prêtre d'Apollon, était, à ses yeux, barbare et, quand il s'en servait, esclave. Il était très exact que le non-grec fut en réalité barbare et esclave, mais il était homme et sa barbarie, son esclavage, n'étaient pas sa nature, mais son destin, le péché de l'histoire envers sa nature, comme c'est aujourd'hui le péché de la société et de la civilisation si les peuples les plus sains, dans le climat le plus sain, sont devenus des misérables et des estropiés. Ce péché de l'histoire devait bientôt atteindre également le libre Grec, comme la conscience de l'amour absolu de l'homme ne vivait pas dans l'âme des nations, le barbare n'avait qu'à subjuguer le Grec et, en même temps que de sa liberté, c'en était fait de sa force, de sa beauté et, dans un profond écrasement, deux cents millions d'hommes, jetés sauvagement pêle-mêle dans l'Empire romain, devaient bientôt éprouver que tous les hommes doivent être également esclaves et misérables dès que tous les hommes ne peuvent être également libres et heureux.

Ainsi donc, nous sommes encore aujourd'hui esclaves, mais avec la consolation de savoir que nous sommes tous également esclaves, esclaves auxquels, autrefois, des apôtres chrétiens et l'empereur Constantin conseillaient de sacrifier patiemment un misérable ici-bas à un au-delà meilleur ; esclaves auxquels, aujourd'hui, des banquiers et des propriétaires de fabrique apprennent à chercher le but de l'existence dans le métier exercé pour gagner le pain quotidien. Libre de cet esclavage se sentait, à son époque, seul l'empereur Constantin qui, en sensuel despote païen, disposait de la vie terrestre de ses bénévoles sujets, de cette vie qu'on leur représentait comme inutile ; libre, au moins dans le sens de l'esclavage public, se sent aujourd'hui seul celui qui a de l'argent car il peut, à son gré, passer sa vie à faire autre chose que gagner sa vie. Si l'effort fait pour se libérer de l'esclavage général se manifestait dans le monde romain et au Moyen Âge sous forme de désir du pouvoir absolu, il apparaît aujourd'hui comme soif de l'or, ne nous étonnons donc pas si l'Art aussi recherche l'or, car tout tend à sa liberté, à son dieu et notre dieu c'est l'or, notre religion le gain de l'or.

Mais l'Art, en lui-même, reste toujours ce qu'il est, nous devons seulement dire qu'il n'existe pas dans la communauté actuelle, mais il vit et a toujours vécu dans la conscience de l'individu sous forme d'art unique, indivisible. En conséquence, la seule différence est celle-ci : chez les Grecs il existait dans la conscience publique, tandis qu'aujourd'hui il n'existe que dans la conscience d'individus séparés, en opposition avec l'inconscience publique. À l'époque de sa floraison l'Art, chez les Grecs, était conservateur parce qu'il se présentait à la conscience publique comme une expression valable et conforme ; chez nous, le véritable art est révolutionnaire, car il n'existe qu'en opposition avec la généralité courante.

Chez les Grecs, l'œuvre d'art accomplie, le drame, était la synthèse de tout ce que l'essence grecque présentait de propre à être figuré, c'était la nation même, en rapport intime avec son histoire qui se voyait représentée dans l'œuvre d'art, se comprenait et, dans l'espace d'un petit nombre d'heures, prenait le plus noble plaisir personnel à se nourrir, pour ainsi dire, d'elle-même. Toute division de ce plaisir, toute dispersion des forces réunies en un point unique, toute séparation des éléments en diverses directions particulières, ne pouvait être que nuisible à cette œuvre d'art splendidement unique comme à l'État même, constitué d'une façon analogue, et c'est pourquoi elle pouvait seulement continuer à fleurir, mais non se modifier. En conséquence, l'art était conservateur comme les plus nobles de l'État grec, à la même époque, étaient conservateurs et Eschyle est l'expression la plus caractéristique de ce conservatisme : son œuvre conservatrice la plus belle est l'*Orestie* par laquelle il prit position comme poète vis-à-vis du jeune Sophocle, en même temps que, comme homme d'État vis-à-vis du révolutionnaire Périclès. La victoire de Sophocle, comme celle de Périclès, était dans l'esprit de l'évolution progressive de l'humanité, mais la défaite d'Eschyle fut le premier pas fait vers la décadence de la tragédie grecque, le premier moment de la dissolution de l'État athénien.

Avec la décadence ultérieure de la tragédie, l'Art perdit toujours davantage son caractère d'expression de la conscience publique, le drame se résolut en ses parties intégrantes : rhétorique, sculpture, peinture, musique, etc, abandonnèrent la ronde où elles avaient dansé à l'unisson et chacune suivit désormais son chemin et continua à se développer par elle-même, mais solitairement, égoïstement. Et ainsi il arriva que, à la Renaissance, nous rencontrâmes d'abord ces arts grecs isolés tels qu'ils s'étaient développés des ruines de la tragédie, la grande synthèse d'art des Grecs ne pouvait se présenter du premier coup dans son ensemble à notre esprit dispersé, incertain de lui-même, car comment l'aurions-nous comprise ? Mais nous sûmes bien nous approprier ces métiers d'art isolés car, en tant que nobles métiers, degré auquel les arts étaient déjà descendus dans le monde gréco-romain, ils n'étaient pas si loin de notre esprit et de notre essence ; l'esprit de corporation et de métier de la nouvelle bourgeoisie était en pleine activité dans les villes ; les princes et les patriciens prirent goût à faire construire et orner d'une manière plus agréable leurs châteaux, à faire décorer de peintures leurs salles avec plus d'attrait que ne l'avait pu faire l'art grossier du Moyen Âge ; les prêtres s'emparèrent de la rhétorique pour les chaires, de la musique pour le chœur de l'église et le nouveau monde de métiers s'initia avec ardeur aux différents arts des Grecs dans la mesure où ils lui parurent compréhensibles et adaptés à son but.

Chacun de ces arts séparés, grassement nourri et cultivé pour le plaisir et la distraction des riches, a maintenant entièrement rempli le monde de ses produits ; en chacun d'eux de grands esprits ont produit des choses merveilleuses, mais l'Art à proprement parler, l'Art véritable, n'a été ressuscité ni par la Renaissance ni après elle, car l'œuvre d'art accomplie, la grande, l'unique expression d'une communauté libre et belle, le drame, la tragédie, n'est pas encore ressuscitée – quelque grands que soient les poètes tragiques qui ont apparu de-ci de-là –, précisément parce qu'elle ne doit pas être ressuscitée, mais bien être créée de nouveau.

Seule la grande Révolution de l'humanité, dont le début ruina jadis la tragédie grecque, peut aussi nous donner cette œuvre d'art, car seule la Révolution peut, du plus profond de son sein, faire surgir de nouveau, plus beau, plus noble, plus général, ce qu'elle arracha à l'esprit conservatif d'une période antérieure de culture plus belle, mais plus bornée.

Mais c'est précisément la Révolution, et non la Restauration, qui peut nous rendre cette suprême œuvre d'art. Le problème que nous avons devant nous est infiniment plus grand que celui qui a déjà été résolu jadis. Si l'œuvre d'art grecque contenait l'esprit d'une belle nation, l'œuvre d'art de l'avenir doit contenir l'esprit de l'humanité libre en dehors de toutes les limites de nationalités, le caractère national ne peut être, en elle, qu'un ornement, un attrait fourni par les diversités individuelles, non pas un obstacle. Nous avons donc toute autre chose à faire qu'à restaurer l'hellénisme, l'on a bien tenté la restauration absurde d'un faux hellénisme dans l'œuvre d'art, qu'est-ce que les artistes n'ont pas jusqu'ici tenté sur commande ? Mais il n'en a jamais pu sortir qu'une jonglerie, ce n'étaient là que des manifestations du même effort hypocrite que nous voyons, dans toute notre histoire officielle de la civilisation, sans cesse tendre à éviter le seul juste effort, l'effort de la nature.

Non, nous ne voulons pas redevenir des Grecs, car ce que les Grecs ne savaient pas, ce qui devait les faire tomber, nous le savons, nous. Leur chute même dont, après une longue misère, nous découvrons la cause au plus profond de la souffrance universelle, nous montre clairement ce que nous devons devenir : elle nous montre que nous devons aimer tous les hommes pour pouvoir nous aimer de nouveau nous-mêmes et retrouver la joie de vivre. Nous voulons nous délivrer du dégradant joug d'esclavage universel d'êtres mécanisés à l'âme pâle comme l'argent et nous élever à la libre humanité artistique dont l'âme rayonnera sur le monde ; de journaliers de l'industrie accablés de travail, nous voulons devenir tous des hommes beaux, forts, auxquels le monde appartienne, comme une source éternellement inépuisable des plus hautes jouissances artistiques.

Pour atteindre ce but nous avons besoin de la force toute puissante de la Révolution, car seule est nôtre cette force révolutionnaire qui pousse droit au but, au but dont elle peut justifier la réalisation uniquement par le fait qu'elle exerça son activité première à la dissolution de la tragédie grecque, à la destruction de l'État athénien. Où donc devons-nous puiser cette force dans notre état de débilité profonde ? Où prendre la forme humaine pour résister à la pression paralysante d'une civilisation qui renie complètement l'homme ? Pour résister à l'outrecuidance d'une culture qui n'emploie l'esprit humain que comme force motrice de sa machine ? Où trouver la lumière capable de dissiper l'horrible superstition régnante qui veut que cette civilisation, cette culture, ait une valeur plus grande que le véritable homme vivant qui veut que l'homme n'ait de valeur reconnue que comme instrument de ces abstraites puissances dominatrices, non de par lui-même en tant qu'homme ? Là où le médecin expérimenté est à bout de ressources, nous retournons enfin en désespoir de cause à la nature. La nature et rien que la nature peut, en effet, réussir à démêler seule la grande destinée du monde. Si la civilisation, partant de la croyance du Christianisme que la nature humaine est méprisable, a renié l'homme, elle s'est créé par là un ennemi qui doit nécessairement l'abolir, un jour, dans la mesure où l'homme ne trouve pas sa place en elle, car cet ennemi, c'est précisément la nature éternelle et seule vivante. La nature, la nature humaine, dictera la loi aux deux sœurs, culture et civilisation : « Dans la mesure où je suis contenue en vous, vous vivrez et fleurirez, dans la mesure où je ne suis pas vous, vous périrez et vous dessécherez. »

Nous prévoyons, en tout cas, que le progrès de la culture, hostile à l'homme, finira par apporter un heureux résultat ; à force de devenir accablante et de contraindre monstrueusement la nature, elle donnera enfin, à l'immortelle nature comprimée, la force d'élasticité nécessaire pour rejeter loin d'elle, d'un seul coup, tout le fardeau qui l'écrasait et tout cet amoncellement de culture n'aura fait ainsi qu'apprendre à la nature à reconnaitre son immense force ; le mouvement de cette force, c'est la Révolution. Comment s'exprime, au point de vue actuel du mouvement social, cette force révolutionnaire ? Ne s'exprime-t-elle pas, d'abord, en tant qu'hostilité de l'ouvrier, basée sur la conscience morale de son activité comparée à la paresse coupable ou à l'affaissement immoral des riches ? Ne veut-il pas, comme par vengeance, ériger le principe du travail en unique religion sociale autorisée, contraindre le riche à travailler comme lui, à gagner comme lui son pain quotidien à la sueur de son front ? N'aurions-nous pas à craindre que l'exercice de cette contrainte, la reconnaissance de ce principe, n'élevât finalement cette mécanisation déshonorante de l'homme à la hauteur d'une règle absolue, universelle et, pour en rester à notre sujet principal, ne rendît l'Art à tout jamais impossible ?

En vérité, c'est là la crainte de maint loyal ami de l'Art et même de maint sincère ami des hommes qui n'a réellement d'autre préoccupation que de conserver la plus noble essence de notre civilisation. Mais ceux-là méconnaissent la véritable nature du grand mouvement social, ce qui les égare, ce sont les théories en vue de nos socialistes doctrinaires qui veulent conclure d'impossibles pactes avec notre société telle qu'elle existe actuellement ; ce qui les trompe, c'est l'expression immédiate de la colère de la portion la plus souffrante de notre société, colère qui, en vérité, sort d'un instinct naturel plus profond, plus noble, l'instinct de jouir dignement de la vie dont l'homme ne veut plus payer péniblement l'entretien matériel en dépensant toutes ses forces vives, mais dont il veut goûter la joie en homme, c'est donc, à proprement parler, à l'instinct de se dégager du prolétariat pour s'élever à l'humanité artistique, à la libre dignité humaine. Mais c'est précisément le rôle de l'Art de faire reconnaître à cet instinct social sa noble signification, de lui montrer sa vraie direction. De son état de barbarie civilisée, le véritable Art ne peut s'élever à sa dignité que sur les épaules de notre grand mouvement social, il a de commun avec lui le but et ils ne peuvent atteindre l'un et l'autre ce but que s'ils le reconnaissent de concert. Ce but c'est l'homme beau et fort : que la Révolution lui donne la Force, l'Art, la Beauté.

Il ne nous appartient pas d'indiquer ici, plus exactement, la marche de l'évolution sociale telle qu'elle se développera, à travers l'histoire, en général, du reste aucun calcul doctrinal ne pourrait sous ce rapport présumer quoique ce soit des manifestations historiques, indépendantes de toute hypothèse, de la nature sociale de l'homme. On ne crée rien dans l'histoire, mais tout se fait de soi-même selon sa nécessité intérieure. Mais il est impossible que l'état auquel le mouvement aura un jour abouti comme à son but ne soit pas diamétralement opposé à l'état actuel, sans quoi toute l'histoire serait un tourbillon tumultueux et confus, et nullement le mouvement nécessaire d'un fleuve qui, malgré tous les coudes, tous les détours, toutes les inondations, se déverse toujours dans la même direction principale.

Dans cet état futur nous pouvons reconnaître les hommes tels qu'ils seront, délivrés d'une dernière superstition, la négation de la nature, cette superstition même qui a fait que l'homme s'est regardé jusqu'ici comme l'instrument d'un but extérieur à lui-même. Si l'homme sait enfin qu'il est lui-même, lui seul, le but de son existence, s'il comprend qu'il ne réalisera ce but personnel le plus complètement possible qu'en communauté avec tous les hommes, sa profession de foi sociale ne pourra consister qu'en une confirmation positive des paroles de Jésus par lesquelles il donnait ce précepte : « *Ne prenez point souci de savoir ce que vous mangerez, ce que vous boirez, ni même ce dont vous vous vêtirez, car tout cela votre père céleste vous l'a donné de lui-même !* » Ce père céleste ne sera alors que la raison sociale de l'humanité qui s'approprie la nature et sa fécondité pour le bien de tous. Dans le fait même que la simple conservation physique de la vie devait être jusqu'ici l'objet de soucis et de vrais soucis paralysant le plus souvent toute activité psychique, rongeant le corps et l'âme, dans ce fait résidait le vice et la misère de notre organisation sociale ! Ces soucis ont rendu l'homme faible, servile, stupide et misérable et en ont fait une créature qui ne sait ni aimer, ni haïr, un bourgeois qui abandonne à chaque instant le dernier reste de sa libre volonté dès qu'il peut être allégé de ces soucis.

Quand l'humanité fraternisante aura, une fois pour toutes, rejeté loin d'elle ces soucis et – comme le Grec en chargeait l'esclave – en aura chargé la machine, cet esclave artificiel du libre homme créateur que celui-ci servait jusqu'ici comme l'adorateur de fétiches sert l'idole qu'il a fabriquée de ses propres mains, alors tout son instinct d'activité délivré ne se manifestera plus que sous forme d'instinct artistique. Nous reconquerrons ainsi l'élément vital des Grecs à un degré beaucoup plus élevé ; ce qui était, chez les Grecs, la conséquence d'une évolution naturelle sera, chez nous, le résultat d'une lutte historique ; ce qui était, pour eux, un don à demi inconscient nous restera comme un savoir acquis à force de combats, car ce que la grande masse de l'humanité possède réellement ne peut plus lui échapper.

Seuls les hommes forts connaissent l'Amour, seul l'Amour comprend la Beauté, seule la Beauté forme l'Art. L'amour des faibles entre eux ne peut avoir d'autre expression que les chatouillements de la volupté, l'amour du faible pour le fort est de l'humilité et de la crainte, l'amour du fort pour le faible est de la pitié et de l'indulgence, seul l'amour du fort pour le fort est de l'amour, car il est le libre don de nous-même à celui qui ne peut nous contraindre. Sous toutes les zones, dans toutes les races, les hommes pourront parvenir, par la Liberté réelle, à une égale Force, par la Force au véritable Amour, par le véritable Amour à la Beauté, mais la Beauté en action c'est l'Art.

Ce qui nous apparaît comme le but de l'existence règle notre éducation et celle de nos enfants. Le Germain était élevé en vue de la guerre et de la chasse, le Chrétien sincère en vue de la continence et de l'humilité, le sujet de l'État moderne l'est en vue des profits industriels à acquérir, fût-ce au moyen de l'Art et de la Science. Si notre libre homme de l'avenir n'a plus pour but de sa vie l'acquisition des moyens de subsistance, mais que, grâce à une nouvelle croyance, ou mieux science, devenue principe d'action, l'acquisition des moyens de subsistance en échange d'une activité naturelle proportionnelle n'est plus soumise à aucun aléa, en un mot si l'industrie n'est plus notre maîtresse, mais bien notre servante, nous mettrons le but de la vie dans la joie de vivre et nous nous efforcerons de donner par l'éducation, à nos enfants, la capacité et la force de jouir de cette joie le plus effectivement possible. L'éducation, partant de l'exercice de la force, des soins de la beauté physique, deviendra essentiellement artistique grâce, déjà, à un amour pour l'enfant, amour que rien ne troublera, et à la joie de voir croître sa beauté, et chaque homme, dans un sens, sera en vérité artiste. En vertu de la diversité des penchants naturels, les arts les plus variés et, en eux, les courants les plus variés, atteindront dans leur développement une richesse insoupçonnée et, de même que le savoir de tous les hommes trouvera enfin son expression religieuse dans la science vivante de l'humanité libre, unie, tous ces arts richement développés convergeront en un point unique qui en exprimera le sens le plus profond, dans le drame, dans la splendide tragédie humaine. Les tragédies seront les fêtes de l'humanité, en elles l'homme libre, fort et beau, délié de toute convention et de toute étiquette, célébrera les ravissements et les douleurs de son amour, accomplira dignement et sublimement le grand sacrifice d'amour de sa mort. Cet art sera de nouveau conservateur, mais en vérité, à cause de sa réelle et durable force de floraison, il se maintiendra de lui-même, il ne se contentera pas de réclamer qu'on le maintienne en considération d'un but placé en dehors de lui, car voyez : cet art-là se passe de l'argent !

« *Utopie ! Utopie !* » clament grands sages et optimistes de notre moderne barbarie sociale et artistique, ces soi-disant hommes pratiques qui, dans l'exercice de leur pratique journalière, ne peuvent que se couvrir du mensonge et de la violence, ou – quand ils sont honnêtes – tout au plus de l'ignorance. « *Bel idéal, qui, comme tout idéal, doit nous flotter seulement devant les yeux, mais qui malheureusement ne sera pas atteint par l'homme condamné à l'imperfection.* » Ainsi soupire la bonne âme sentimentale qui rêve au royaume des cieux où Dieu réparera, au moins pour elle, l'incompréhensible faute de la création de la terre et des hommes. Ils vivent, souffrent, mentent et calomnient effectivement dans les plus répugnantes conditions, dans les sales bas-fonds d'une utopie, en vérité forgée par l'imagination et par là même irréalisée, ils s'efforcent et se surpassent dans tous les artifices de l'hypocrisie, afin de maintenir debout le mensonge de cette utopie de laquelle ils culbutent chaque jour misérablement, estropiés de la passion la plus vulgaire et la plus frivole, sur le terrain plat et nu de la plus stupide réalité et ils considèrent et décrient le seul moyen naturel de les délivrer de leur ensorcellement comme une chimère, une utopie, de la même manière que les malades d'une maison de fous tiennent pour vérités leurs imaginations délirantes et, pour délire, la vérité.

Si l'histoire connaît une véritable utopie, un idéal réellement inaccessible, c'est bien le Christianisme, car elle a montré clairement et nettement et montre encore, chaque jour, que ses principes ne pouvaient être réalisés. Comment ces principes auraient-ils pu, du reste, devenir vraiment vivants, passer dans la vie réelle, puisqu'ils étaient dirigés contre la vie, qu'ils reniaient et maudissaient tout ce qui était vivant ? Le Christianisme a un contenu purement spirituel, supra spirituel, il prêche l'humilité, le renoncement, le mépris de toutes les choses terrestres et, dans l'ambiance de ce mépris, l'amour fraternel. Comment la réalisation de ces préceptes se manifeste-t-elle en pratique dans notre monde moderne qui se prétend cependant chrétien et considère la religion chrétienne comme la base intangible ? Sous forme d'orgueil de l'hypocrisie, usure, vol des biens de la nature et dédain égoïste du prochain dans la souffrance. D'où vient ce contraste brutal entre l'idée et la réalisation ? Du fait même que l'idée était maladive, qu'elle avait germé du relâchement et de l'affaiblissement momentanés de la nature humaine et qu'elle péchait contre la vraie, la saine nature de l'homme. Mais cette nature a démontré combien elle est forte, combien inépuisable est sa fécondité productrice sans cesse renouvelée et cela, précisément, sous la pression universelle de cette idée qui, si elle s'était accomplie jusqu'en ses dernières conséquences, eût en vérité extirpé complètement l'homme de la terre puisqu'elle comprenait l'abstinence de l'amour sexuel au nombre des plus hautes vertus. Mais vous voyez que, malgré la toute puissante Église, il y a une telle abondance d'hommes que votre sagesse d'État christiano-économique ne sait que faire de cette abondance, que vous cherchez des moyens sociaux d'extermination pour vous en débarrasser, que vous seriez même vraiment heureux si l'homme avait été tué par le

Christianisme, de telle sorte que l'unique Dieu abstrait de votre cher Moi pût, seul encore, avoir place en ce monde. Voilà les hommes qui crient à « *l'utopie* » quand la saine intelligence humaine en appelle de leurs expériences insensées à la nature qui, seule, a une existence visible et saisissable et qu'elle ne demande pas autre chose, à la divine raison humaine, que de remplacer pour nous l'instinct de l'animal qui lui fait trouver sans souci, sinon sans peine, ses moyens d'existence. Et vraiment, il nous suffit d'obtenir d'elle ce résultat en faveur de la société humaine pour élever, sur cette base unique, le véritable bel art de l'avenir.

Le véritable artiste qui, aujourd'hui déjà, a saisi le juste point de vue, peut aujourd'hui déjà travailler à l'œuvre d'art de l'avenir puisque ce point de vue est d'éternelle réalité. Du reste chacun des arts frères a, en vérité, de tout temps – et également aujourd'hui d'ailleurs – manifesté en de nombreuses productions sa haute conscience de lui-même. Mais de quoi souffraient, de tous temps et souffrent surtout, dans notre état actuel, les créateurs inspirés de ces nobles œuvres ? N'était-ce pas de leur contact avec le monde extérieur, c'està-dire avec le monde auquel leurs œuvres devaient appartenir ? Qu'est-ce qui a révolté l'architecte lorsqu'il a dû gaspiller sa force créatrice à construire, sur commande, des casernes et des maisons à louer ? Qu'est-ce qui affligeait le peintre quand il devait faire le portrait d'un millionnaire au masque repoussant, le musicien quand il devait composer de la musique de table, le poète quand il devait écrire des romans pour des cabinets de lecture ? Quelle était alors sa souffrance ? De devoir dissiper sa force créatrice au profit de l'industrie, de devoir faire de son art un métier ! Mais que doit souffrir enfin le poète dramatique quand il veut réunir tous les arts ? Toutes les souffrances réunies des autres artistes !

Ses créations ne deviennent œuvres d'art que lorsque, par la publicité, elles entrent dans la vie et une œuvre d'art dramatique n'entre dans la vie que par le théâtre. Mais que sont aujourd'hui ces théâtres disposant des ressources de tous les arts ? Des entreprises industrielles même là où ils reçoivent des dotations spéciales des États ou des princes, on en confie ordinairement la direction aux mêmes hommes qui, hier, dirigeaient une spéculation sur les blés qui, demain, consacreront au commerce des sucres leurs connaissances sérieuses, à moins qu'ils n'aient acquis les connaissances nécessaires à la compréhension de la dignité du théâtre dans les mystères du service de chambellan ou de fonctions similaires. Aussi longtemps qu'on ne verra, dans un théâtre, qu'un moyen propre à la circulation de l'argent et capable de faire produire au capital de gros intérêts, ce qui semble naturel étant donné le caractère dominant de la vie sociale et l'obligation pour le directeur de se montrer spéculateur habile vis-à-vis du public, il est logiquement de toute évidence qu'on n'en peut confier la direction, c'est-à-dire l'exploitation, qu'à un homme rompu à ces sortes d'affaires, car une direction vraiment artistique, une direction, par conséquent, conforme au but primitif du théâtre, serait en effet fort peu apte à atteindre le but actuel. De là ressort, à l'évidence, pour tout esprit sagace, que si le théâtre doit retourner à sa noble destination naturelle, il faut absolument qu'il se délivre de la contrainte de la spéculation industrielle.

Comment pourrait-on y parvenir ? Exempterait-on cette seule institution de la servitude à laquelle sont soumis aujourd'hui tous les hommes et toutes leurs entreprises sociales ? Certainement, c'est précisément le théâtre qui doit être libéré le premier, car le théâtre est l'institution d'art la plus complète, la plus influente, et comment l'homme peut-il espérer devenir libre et indépendant, dans des domaines moins élevés, s'il ne peut tout d'abord exercer librement son activité la plus noble, l'activité artistique ? À présent, déjà, le service de l'État, le service de l'armée, ne sont du moins plus des métiers industriels, commençons donc à délivrer l'art public puisque, comme je l'ai montré précédemment, à lui est dévolu dans notre mouvement social une tâche infiniment haute, une activité extraordinairement importante. Plus et mieux qu'une religion vieillie, niée par l'esprit public, plus effectivement et d'une manière plus saisissante qu'une sagesse d'État qui depuis longtemps doute d'elle-même, l'Art, éternellement jeune, pouvant trouver constamment, en lui-même et dans ce que l'esprit de l'époque a de plus noble, une fraîcheur nouvelle, l'Art peut donner au courant des passions sociales qui dérive facilement sur des récifs sauvages ou sur des bas-fonds, un but beau et élevé, le but d'une noble humanité.

Si vous, amis de l'Art avez réellement souci de sauver l'Art menacé par la tempête, sachez donc qu'il ne s'agit pas de le conserver seulement, mais de le faire parvenir au plein épanouissement de sa vie propre. Hommes d'État honnêtes qui vous opposez au renversement de la société pressenti par vous, probablement pour cette unique raison que, votre foi dans la pureté de la nature humaine étant ébranlée, vous ne pouvez comprendre ce renversement que dans le sens de la transformation d'une situation défectueuse en une situation pire encore, si vous avez sincèrement l'intention d'inoculer à ce nouvel état de chose la force capable de produire une civilisation vraiment belle, aidez-nous de toutes vos forces à rendre l'Art à lui-même et à sa noble activité. Vous, mes frères souffrants de toutes les classes de la société humaine qui sentez une sourde colère couver en vous, quand vous aspirez à vous délivrer de l'esclavage de l'argent pour devenir des hommes libres, comprenez bien notre tâche et aidez-nous à élever l'Art à sa dignité, afin que nous puissions vous montrer comment vous élèverez le métier à la hauteur de l'Art, le serf de l'industrie au rang de l'homme beau, conscient de lui-même qui, avec le sourire de l'initié, peut dire à la nature, au soleil et aux étoiles, à la mort et à l'éternité : « Vous aussi vous êtes miens, et je suis votre maître ! »

Si, vous tous à qui j'ai fait appel, vous vous entendiez et étiez d'accord avec nous, combien facilement votre volonté réaliserait les simples mesures qui auraient pour résultat inévitable la prospérité de la plus importante des institutions artistiques, le théâtre. L'État et la commune auraient comme premier devoir de proportionner les moyens au but, afin de mettre le théâtre en situation de ne s'occuper que de sa destination la plus élevée, la vraie. Ce but est atteint si le théâtre est subventionné suffisamment pour que sa direction ne puisse être que purement artistique, et personne ne peut mieux prendre cette direction que tous les artistes mêmes qui s'unissent en vue de la réalisation de l'œuvre d'art et qui, par une convention, se garantissent mutuellement le succès de leur activité, seule la plus complète liberté peut les unir dans leurs efforts vers le but proposé, en faveur duquel ils sont délivrés de l'obligation de la spéculation industrielle et ce but est l'Art qui ne peut être compris que par l'homme libre, non par l'esclave de l'argent.

Le juge de leurs productions sera le public libre. Mais pour rendre celui-ci absolument libre vis-à-vis de l'Art, il faudrait encore faire un pas de plus dans la voie où l'on se serait engagé : le public devrait avoir l'entrée gratuite aux représentations théâtrales. Aussi longtemps que l'argent sera nécessaire à la satisfaction de tous les besoins de la vie, aussi longtemps qu'il ne restera à l'homme sans argent que l'air et peut-être l'eau, cette mesure ne saurait avoir d'autre but que d'enlever aux véritables représentations théâtrales l'apparence de productions contre paiement, cette façon de les envisager tendant à faire méconnaître le caractère des représentations d'art dans le sens le plus abominable, il appartiendrait à l'État, ou mieux encore à la commune intéressée, de dédommager les artistes par les sommes recueillies pour leur production, de les dédommager dans leur ensemble et non pas pour leur production individuelle.

Là où les ressources sont insuffisantes, mieux vaudrait renoncer pour le moment, et même à jamais, à un théâtre qui ne peut trouver ses moyens d'existence que s'il prend le caractère d'entreprise industrielle, y renoncer aussi longtemps, du moins, que le besoin ne s'en fait pas sentir assez énergiquement pour déterminer la communauté à faire les sacrifices nécessaires. Si donc, un jour, la société atteint le beau et noble développement humain que nous n'atteindrons certes pas par la seule action de notre art, mais que nous pouvons espérer atteindre, que nous devons chercher à atteindre avec le concours des inévitables grandes révolutions futures, à ce moment les représentations théâtrales seront les premières entreprises collectives d'où disparaîtra complètement la notion de l'argent et du gain, car si, grâce aux conditions supposées précédemment, l'éducation devient de plus en plus artistique, nous serons tous un jour des artistes, en ce sens que, comme des artistes, nous pourrons unir nos efforts en vue d'une action collective libre, par amour de l'œuvre d'art même et non pas dans un but industriel extérieur.

L'Art et ses institutions, dont l'organisation désirable ne pouvait être indiquée ici que très superficiellement, peuvent ainsi devenir les précurseurs et les modèles de toutes les institutions communales futures, l'esprit qui unit une corporation artistique se proposant d'atteindre son véritable but pourrait se retrouver dans tout autre groupement social qui se donnerait un but précis, digne de l'humanité, car toute notre conduite sociale future, si nous atteignons le véritable but, ne sera et ne pourra être que de nature artistique, nature qui seule convient aux nobles facultés de l'homme. Ainsi, Jésus nous aurait montré que nous, hommes, nous sommes tous égaux et frères ; Apollon aurait mis à cette association fraternelle le sceau de la force et de la beauté et conduit l'homme, qui doutait de sa valeur, à la conscience de sa plus haute puissance divine. Élevons donc l'autel de l'avenir, tant dans la vie que dans l'Art vivant, aux deux plus sublimes initiateurs de l'humanité : Jésus qui souffrit pour l'humanité et Apollon qui l'éleva à sa dignité pleine de joie confiante.

L'Œuvre d'art de l'avenir
(1850)

Avec la disparition de la religion grecque, avec la dissolution de l'État naturel des Grecs et l'absorption dans l'État politique, avec la scission de l'œuvre tragique collective, commence indubitablement et décidément, pour l'humanité historique, l'évolution nouvelle et indéfinie depuis la communauté nationale primitive de la race dissoute vers la communauté universelle purement humaine. Le lien que l'homme parfait, parvenu à la conscience de soi-même dans l'Hellène nationale, rompit comme une chaîne pesante, devra désormais, grâce à cette conscience acquise, être comme un lieu commun entre tous les hommes. La période s'étendant depuis ce moment jusqu'à nos jours est donc l'histoire de l'égoïsme absolu et la fin de cette période marquera la délivrance vers le communisme. [...]

En face de l'association traditionnelle étatiste de notre temps qui ne se maintient que par la contrainte extérieure, les associations libres de l'avenir, avec leur élasticité, tantôt sur une étendue immense, tantôt dans une organisation subtile, constitueront la vie humaine elle-même à laquelle la modification des individualités les plus diverses donnera un charme inépuisablement riche, tandis que la vie actuelle représente, dans son uniformité policée à la mode, l'image malheureusement trop fidèle de l'État moderne avec ses situations, ses emplois, ses justices sommaires, ses armées permanentes et tout ce qui peut être stable en lui. [...]

L'égoïsme artistique croit, de son point de vue supérieur, devoir entendre par Peuple la foule inculte, vulgaire, qui n'est jamais que son antipode, quand il pense au Peuple, des relents de bière et d'eau-de-vie lui montent aux narines, il tire son mouchoir parfumé et demande avec l'indignation du civilisé : « *Quoi ? C'est la populace qui nous succèdera à l'avenir dans la création artistique ? La populace qui ne nous comprend pas, même quand nous créons de l'art ? De la taverne enfumée, des exhalaisons de cette fosse à fumier surgiront pour nous les créations de beauté et d'art ?* » Parfaitement ! Ce n'est ni du bas-fond pourri de votre culturel actuelle, ni du résidu répugnant de votre moderne civilisation raffinée, ni des conditions qui prêtent à votre civilisation moderne la seule base d'existence possible, que doit naître l'œuvre d'art de l'avenir. [...] Considérez donc que cette populace n'est pas un produit normal de la véritable nature humaine, mais plutôt le produit artificiel de votre culture anti-naturelle ; que tous les vices, toutes les monstruosités qui vous dégoûtent dans cette populace ne sont que des gestes désespérés de la lutte que la vraie nature humaine mène contre la civilisation moderne qui l'oppresse avec cruauté et que ce qui répugne dans ces gestes n'est nullement l'attitude vraie de la nature, mais plutôt le reflet de la grimace hypocrite de votre civilisation étatiste et criminelle. [...]

Le Peuple est l'ensemble de tous ceux qui ressentent la nécessité commune. À lui, par conséquent, appartient tous ceux qui reconnaissent leur propre détresse comme une détresse commune, c'est-à-dire tous ceux qui ne sauraient espérer apaiser leur détresse reconnue comme une détresse commune, car il n'y a que la détresse poussant aux excès qui soit la vrai détresse et seule cette détresse est la force du véritable besoin, seul un besoin commun est un véritable besoin, seul qui ressent un véritable besoin a un droit à le satisfaire, seule la satisfaction d'un vrai besoin est nécessité et seul le Peuple agit selon sa nécessité, par conséquent irrésistiblement, victorieusement, et – seul – véridiquement. [...]

Qui sera l'artiste de l'avenir ? Le Poète ? L'acteur ? Le musicien ? Le sculpteur ? Disons-le d'un mot : le Peuple. Ce même Peuple auquel nous devons, même de nos jours, l'œuvre d'art uniquement vraie qui vit dans notre mémoire, imitée par nous d'une manière qui ne peut que la défigurer, le Peuple auquel nous devons l'art lui-même. […]

Ce n'est pas un livre, mais plusieurs volumes qu'il faudrait écrire pour exposer à fond l'immoralité, la mollesse et l'infamie des relations de notre musique moderne avec le public et pour approfondir la propriété – fatale – de cette musique, sentimentale à l'excès, faisant d'elle l'objet de la spéculation de nos « réformistes populaires » en mal d'éducation du peuple et désireux de mêler le miel de la musique à la sueur âcre de l'ouvrier de fabrique exploité comme l'unique soulagement possible à ses souffrances, à la manière, à peu près, de nos malins hommes d'État et de Bourse lorsqu'ils s'efforcent de cacher, avec les souples guenilles de la religion, les brèches béantes de l'humaine providence policière. […]

Vous croyez qu'avec la fin de l'état de chose actuel et l'apparition d'un ordre du monde nouveau, communiste, l'histoire, c'est-à-dire l'existence historique de l'homme, prendra fin ? C'est justement le contraire, car l'existence historique réelle et claire ne commencera que lorsque prendra fin ce qu'on tenait jusqu'à maintenant pour la logique de l'Histoire. Cette logique-là est, en vérité et selon sa nature même, fondée sur la fable, la tradition, le mythe et la religion, sur l'usage établi et sur des institutions, des droits et des conventions qui, à la limite, ne reposent en aucune façon sur des constructions imaginaires et mythiques les plus souvent arbitraires : c'est par exemple le cas de la monarchie et de la propriété héréditaire. […]

L'art cultivé peut-il, de son point de vue abstrait, pénétrer dans la vie ou ne faut-il pas plutôt que la vie pénètre dans l'art, que la vie engendre d'elle-même l'art qui lui est adéquat, que la vie s'absorbe en lui ? au lieu que ce soit l'art (bien entendu l'art cultivé, né en dehors de la vie) qui engendre la vie et s'absorbe en elle ? […]

L'homme artiste ne peut se suffire entièrement que par l'union de tous les genres d'art dans l'œuvre d'art commune, dans tout isolement de ses facultés artistiques il est dépendant et imparfaitement ce qu'il peut être, tandis que dans l'œuvre d'art commune il est libre et entièrement ce qu'il peut être. La véritable tendance de l'art est par conséquent complexe, tout homme animé du désir vrai de l'art veut parvenir, par le développement suprême de ses facultés particulières, non pas à l'exaltation de cette faculté particulière, mais à l'exaltation dans l'art de l'homme en général. L'œuvre d'art commune est le drame, étant donné sa perfection possible elle ne peut exister que si tous les arts sont contenus en elle dans leur plus grande perfection. On ne peut se figurer le véritable drame autrement qu'issu du désir commun de tous les arts de s'adresser de la manière la plus directe au public commun, aucun art isolé ne peut se révéler, dans le drame, au public commun et, pour une complète intelligence, que par une communication collective avec les autres arts, car l'intention de chaque genre isolé n'est réalisée qu'avec le concours intelligible de tous les genres. […]

L'illusion des arts plastiques devient ainsi la vérité dans le drame, l'artiste plastique tend la main au danseur et au mime, pour le devenir lui-même, pour être danseur et mime. Autant qu'il est en son pouvoir, il devra manifester, à la vue de l'homme intérieur, tout ce qu'il veut et sent. C'est à lui qu'appartient, dans toute son étendue et sa profondeur, la surface de la scène où il montre sa forme et son mouvement au moyen de la représentation plastique, soit isolé, soit en société avec les collaborateurs de la représentation. Là où finit son pouvoir, là où la plénitude de son vouloir et de son sentiment l'oblige à faire se manifester l'homme intérieur par le langage, la parole exprimera alors consciemment son intention, il sera poète et, pour être poète, musicien. Danseur, musicien et artiste, il n'est qu'une seule et même chose et rien qu'un homme artiste qui représente, qui se communique, selon toute la somme de ses facultés, à la plus haute faculté d'imagination. En lui, acteur agissant sans intermédiaire, se confondent les trois arts-frères pour une action commune où la faculté suprême de chacun atteint à son plus haut épanouissement. En agissant ensemble, chacun d'eux obtient le pouvoir d'être et de faire précisément ce qu'il désirerait être et pouvoir faire selon son caractère particulier. Par le fait que chacun peut s'absorber dans l'autre quand son pouvoir à lui prend fin, il se conserve pur, libre et indépendant, tel qu'il est. Le danseur-mime se trouve débarrassé de son incapacité dès lors qu'il peut chanter et parler, grâce au mime les créations de la musique obtiennent une interprétation intelligible pour tous, de même que la parole du poète et, cela, dans la mesure même où la musique peut passer dans le geste de la pantomime et dans la parole du poète. Mais le poète ne devient vraiment homme qu'en passant dans la chair et le sang de l'acteur, s'il désigne à chaque manifestation artistique l'intention qui les relie toutes ensemble et les dirige vers un but commun, cette intention de vouloir ne devient pouvoir que par le fait que cette volonté poétique disparaît dans le pouvoir de l'interprétation. Pas une faculté richement développée de chacun des arts ne restera inutilisée dans l'œuvre d'art universelle de l'avenir, c'est au sein de celle-ci que chaque faculté parviendra à sa pleine valeur. […]

Combien notre théâtre est incapable d'opérer, dans un drame véritable, l'union de toutes les branches de l'Art sous la forme la plus haute, la plus accomplie, apparaît déjà dans sa division en deux genres, le drame et l'opéra, par laquelle on enlève au drame l'expression idéalisante de la musique et l'on refuse de prime abord à l'opéra l'essence et la haute portée du véritable drame. […] La grande œuvre d'art totale qui devra englober tous les genres de l'art pour exploiter, en quelque sorte, chacun de ces genres comme moyen, pour l'annihiler en faveur du résultat d'ensemble de tous les genres, c'est-à-dire pour obtenir la représentation absolue, directe, de la nature humaine accomplie, il ne reconnaît pas cette grande œuvre d'art totale comme l'acte volontairement possible d'un seul, mais comme l'œuvre collective nécessairement supposable des hommes de l'avenir. […]

L'œuvre d'art commune suprême est le drame, étant donné sa perfection possible, elle ne peut exister que si tous les arts sont contenus en elle dans leur plus grande perfection. On ne peut se figurer le véritable drame autrement qu'issu du désir commun de tous les arts de s'adresser, de la manière la plus directe, au public commun et pour une complète intelligence, que par une communication collective avec les autres arts, car l'intention de chaque genre d'art isolé n'est réalisée qu'avec le concours intelligible de tous les genres d'art.

Correspondances

Richard Wagner à Hector Berlioz
Journal des Débats
22 février 1869

En 1848, j'avais été frappé de l'incroyable mépris que la révolution témoignait pour l'art dont c'était fait, à coup sûr, si la réforme sociale eût triomphé. En recherchant les causes de ce dédain, je trouvai, à ma grande surprise, qu'elles étaient presque identiques avec les raisons qui vous portent, mon cher Berlioz, à ne négliger aucune occasion d'exercer votre verve ironique à l'encontre des établissements publics de l'art et je partageai, sans peine, votre conviction que les institutions de ce genre, les théâtres en général et l'opéra en particulier sont, dans leurs rapports avec le public, guidés par des tendances diamétralement opposées au but que se proposent l'art pur et le véritable artiste. L'art n'est là, en effet, qu'un prétexte à l'aide duquel on peut, tout en conservant les dehors de la décence, flatter, avec fruit, les plus frivoles fonctions du public des grandes villes.

J'allai plus loin. Je me demandai quelles devaient être les conditions de l'art pour qu'il pût inspirer au public un invincible respect et, afin de ne point m'aventurer trop dans l'examen de cette question, je fus chercher mon point de départ dans la Grèce ancienne. J'y rencontrai d'abord l'œuvre artistique par excellence, le drame, dans lequel l'idée, quelque sublime, quelque profonde qu'elle soit, peut se manifester avec le plus de clarté et de la manière la plus universellement intelligible. Nous nous étonnons, à bon droit aujourd'hui, que trente mille Grecs aient pu suivre avec un intérêt soutenu la représentation des tragédies d'Eschyle, mais si nous recherchons le moyen par lequel on obtenait de pareils résultats, nous trouvons que c'est par l'alliance de tous les arts concourant ensemble au même but, c'est-à-dire à la production de l'œuvre artistique la plus parfaite et la seule vraie.

Ceci me conduit à étudier les rapports des diverses branches entre elles et, après avoir saisi la relation qui existe entre la plastique et la mimique, j'examinai celle qui se trouve entre la musique et la poésie, de cet examen jaillirent soudain des clartés qui dissipèrent complètement l'obscurité qui m'avait jusqu'alors inquiété. Je reconnus en effet que, précisément là où l'un de ces arts atteignait à des limites infranchissables, commençait aussitôt avec la plus rigoureuse exactitude la sphère d'action de l'autre que, conséquemment, par l'union intime de ces deux arts, on exprimerait avec la clarté la plus saisissante ce que ne pouvait exprimer chacun d'eux isolément que, par contraire, toute tentative de rendre avec les moyens de l'un des deux ce qui ne saurait être rendu que par les deux ensemble, devait fatalement conduire à l'obscurité, à la confusion d'abord et, ensuite, à la dégénérescence et à la corruption de chaque art en particulier. J'essayai donc de démontrer la possibilité de produire une œuvre dans laquelle ce que l'esprit humain peut concevoir de plus profond et de plus élevé fût accessible à l'intelligence la plus ordinaire, sans qu'il fût besoin de la réflexion ni des explications de la critique, et c'est cet essai que j'intitulai : *L'Œuvre d'at de l'avenir*.

Jugez ce que j'ai dû éprouver, mon cher Berlioz, en voyant que, non pas des gens légers et superficiels, non pas des marchands de concetti, des faiseurs de mots, des bravi littéraires, mais un homme sérieux, un artiste éminent, un critique intelligent, instruit et honnête tel que vous, plus que cela, un ami, avait pu se méprendre sur la portée de mes idées, à tel point qu'il n'a pas craint d'envelopper mon œuvre de cette ridicule papillote : *musique de l'avenir*. Mon livre ne contient aucune des absurdités qu'on lui prête et je n'y ai traité, en aucune façon, de la question grammaticale de la musique. Ma pensée va un peu plus loin et, d'ailleurs, n'étant pas théoricien de ma nature, je devais abandonner à d'autres le soin d'agiter ce sujet ainsi que la question puérile de savoir s'il est permis ou non de faire du néologisme en matière d'harmonie ou de mélodie.

Aujourd'hui, je vous l'avouerai, je suis presque tenté de regretter la publication de ce livre. Et si, comme j'en viens de faire nouvellement l'expérience, les critiques les plus instruits et les plus éclairés se laissent entraîner par les préjugés du dilettantisme ignorant, jusque-là, qu'en présence même de l'exécution d'œuvres soumises à leur jugement, ils s'obstinent à n'y voir que des choses qui ne s'y trouvent point, tandis que l'idée essentielle et fondamentale leur échappe, comment ai-je osé espérer que le philosophe artiste, le penseur esthéticien pût être mieux compris du public qu'il ne l'a été par M. Bischoff de Cologne ?

Richard Wagner au journal l'*Europa*
5 mai 1841

Je vois bien qu'il me faut enfin parler de Berlioz à tout prix, car je me rends compte que l'occasion favorable ne se présentera pas si tôt. Déjà, de ce fait qu'en vous mentionnant les manifestations quotidiennes de Paris (mettons « de la vie artistique », si l'on veut), l'occasion de m'occuper de ce musicien génial ne s'est pas toute seule offerte à moi, ce fait me semble assez caractéristique : j'y trouve une excellente entrée en matière pour mon jugement sur Berlioz et cet artiste a bien le droit, en tous cas, de revendiquer une place importante toute particulière, dans la correspondance que je vous envoie de Paris.

Berlioz n'est nullement un compositeur d'occasion, c'est même la raison pour laquelle je n'ai pas eu à m'occuper de lui occasionnellement. Il n'entretient pas de relations, il n'a rien à faire avec ces établissements artistiques de Paris, fastueux et exclusifs, l'Opéra ou le conservatoire qui, dès le premier abord, se sont empressés de lui fermer leurs portes en s'étonnant de son audace. On a forcé Berlioz à être et à rester une exception bien tranchée à la grande, à l'éternelle règle et c'est cela qu'il est et qu'il reste, aussi bien au fond qu'en apparence.

Celui qui veut entendre la musique de Berlioz est obligé de se déranger tout exprès pour cela et d'aller à lui, sans quoi il n'en trouverait nulle part la moindre trace, pas même aux endroits où l'on rencontre, côte à côte, Mozart et [Philippe] Musard. On entend les compositions de Berlioz uniquement dans un ou deux concerts qu'il organise lui-même chaque année, ces concerts restent son domaine exclusif : c'est là qu'il fait exécuter ses œuvres par un orchestre qu'il a formé à son usage tout particulier, devant un public dont il a fait la conquête pendant une campagne de dix ans. Quant à entendre ailleurs du Berlioz, il faut y renoncer, à moins que ce ne soit dans la rue ou à l'Église, où le gouvernement l'appelle de temps en temps à une action politico-musicale. Cet isolement de Berlioz ne s'étend pas seulement à sa situation extérieure, c'est avant tout cet isolement qui est le principe de son évolution intellectuelle ; si Français qu'il soit, si réelles que soient les sympathies qui unissent son essence, sa tendance à celle de ses concitoyens, il n'en reste pas moins seul. Il ne voit personne devant lui sur qui s'étayer, à ses côtés personne sur qui s'appuyer.

Du fond de notre Allemagne, l'esprit de Beethoven a soufflé sur lui et, certainement, il fut des heures où Berlioz désirait être un Allemand ; c'est en de telles heures que son génie le poussait à écrire à l'imitation du grand maître, à exprimer cela même qu'il sentait exprimé dans ses œuvres. Mais, dès qu'il saisissait la plume, le bouillonnement naturel de ce sang de Français reprenant le dessus, le bouillonnement de ce sang qui frémissait dans les veines d'[Daniel] Auber, lorsqu'il écrivit le volcanique dernier acte de sa *Muette [de Portici]*. Heureux Auber qui ne connaissait pas les symphonies de Beethoven ! Berlioz, lui, les connaissait, bien plus il les comprenait, elles l'avaient transporté, elles avaient enivré son âme et, néanmoins c'est par là qu'il lui fut rappelé qu'un sang français coulait dans ses veines. C'est alors qu'il se reconnut incapable de faire un Beethoven, c'est alors aussi qu'il se sentit incapable d'écrire comme Auber.

Il fut Berlioz, il écrivit sa *Symphonie fantastique*, œuvre dont Beethoven eût souri, tout comme en sourit Auber, mais qui était capable de plonger [Nicolo] Paganini dans la plus fiévreuse extase et de gagner à son auteur un parti qui ne veut plus entendre d'autre musique au monde que la *Symphonie fantastique* de Berlioz. Celui qui entend cette symphonie ici, à Paris, doit vraiment croire qu'il entend une chose étrange, inouïe. Une riche, une monstrueuse imagination, une fantaisie d'une énergie épique, vomissent comme un cratère, un torrent boueux de passions ; ce qu'on distingue, ce sont des nuages de fumée de proportions colossales, traversées seulement par des éclairs, zébrés par des bandes de feu et façonnés en fantômes changeants. Tout est excessif, audacieux, mais extrêmement désagréable. Là, il ne faut chercher nulle part la beauté de la forme, nulle part le courant majestueusement paisible à la sûre ondulation duquel on aimerait à confier son espoir. Après la *Symphonie fantastique*, le premier morceau de la *Symphonie* en ut mineur de Beethoven eût été pour moi une jouissance bienfaisante.

Je disais que, même en Berlioz, la tendance française était prédominante. En vérité, si tel n'était le cas et s'il y avait eu possibilité, pour lui, de se soustraire à cette tendance, peut-être alors pourrait-on soutenir aussi en lui ce qu'en bon Allemand on nomme un digne disciple de Beethoven. Mais cette tendance l'empêche de s'assimiler plus à fond dans le génie beethovénien. C'est la tendance qui vise à l'effet extérieur, qui est en quête du succès auprès des catégories les plus divergentes du public. Alors qu'en pleine vie sociale, l'Allemand, pour sonder en lui-même la source véritable où s'alimente sa faculté de production, préfère s'isoler et se recueillir, nous voyons que le Français, au contraire, aspire à trouver dans les classes les plus extrêmes de la société ce principe de son activité productrice. Le Français pense avant tout à une chose, divertir, amuser, même quand il cherche à perfectionner l'art par l'ennoblissement, par l'idéalisation de cet amusement, jamais il ne perd de vue son but immédiat, à savoir que cet art ait le pouvoir de plaire et de captiver le plus grand nombre possible d'auditeurs. Aussi, l'effet, l'impression d'un moment sont et demeurent, pour le Français, l'objet principal, s'il est totalement dépourvu du sens intuitif, il lui suffit d'avoir tout simplement atteint ce but, mais s'il est doué d'une véritable faculté créatrice, cela ne l'empêche pas de se servir de cet effet, seulement ce n'est plus alors que le premier et le plus important moyen pour faire comprendre à tous sa pensée intime.

Quels tiraillements ne doivent-ils pas se produire dans une âme d'artiste comme celle de Berlioz ! D'un côté, il est poussé, par une force vive d'intuition, à puiser à la source la plus profonde, la plus mystérieuse du monde idéal, d'un autre côté, par les exigences et le caractère particulier de compatriotes dont il fait partie et partage les penchants (et même par sa propre impulsion native), il se sent engagé à n'exprimer sa pensée que dans les éléments les plus superficiels de sa création ! Il sent qu'il y a quelque chose d'extraordinaire, quelque chose d'infini à rendre, il sent que la langue d'Auber est bien trop insuffisante pour cela, il sent qu'il doit néanmoins imaginer quelque chose d'équivalent pour gagner, *a priori* et tout de suite, les bonnes grâces de son public, et c'est ainsi qu'il en arrive à employer cette langue musicale frappante à la moderne, aux entortillages profanes qui lui sert à ébaudir et à recruter les badauds, tout en rebutant ceux qui eussent été aisément en état de comprendre ses intentions intimes, mais qui dédaignent de les pénétrer sous cette enveloppe.

Une autre chose fâcheuse, c'est que Berlioz a l'air de se complaire en son isolement et semble s'efforcer opiniâtrement de s'y maintenir. Il n'a pas d'ami qu'il juge digne de lui donner un conseil, auquel il permette de lui signaler dans ses œuvres tel ou tel défaut de forme. À ce point de vue, l'audition de sa symphonie *Roméo et Juliette* m'a fait éprouver les plus vifs regrets. Dans cette composition, à côté des trouvailles le plus géniales, il s'amoncelle une telle quantité de fautes contre le goût et la bonne économie artistique, que je ne pus me défendre de faire ce souhait : c'est que Berlioz, avant l'exécution de cette œuvre, l'eût soumise à un homme tel que [Luigi] Cherubini, certainement, celui-ci, sans nuire le moins du monde à l'originalité de la composition, aurait su la débarrasser d'un bon nombre d'imperfections qui la déparent.

Mais la simplicité de Berlioz est si excessive que même son plus intime ami n'oserait lui faire une telle proposition, d'autre part, il frappe ainsi ses auditeurs, au point qu'ils voient en lui un phénomène artistique pour lequel nul point de comparaison n'existe, auquel on ne peut appliquer aucune mesure et voilà comment Berlioz restera toujours incomplet, voilà pourquoi, peut-être, il ne brillera réellement que comme une exception passagère, étrange. Et c'est grand dommage ! Si Berlioz savait s'emparer de la quantité d'excellents éléments qui a surgi de la dernière et brillante période de la musique française moderne, si Berlioz pouvait renoncer à cet isolement auquel il est parvenu et dont il se prévaut avec un certains orgueil, pour se rattacher à quelque grande figure de la musique présente ou passée, pour y prendre son point d'appui, alors, forcément, il aurait l'assurance nécessaire pour exercer sur l'avenir de la musique, en France, une influence puissante, au point de rendre sa mémoire inoubliable.

Berlioz, en effet, ne possède pas seulement la force créatrice et l'originalité de l'invention : une vertu brille en lui, aussi peu commune, d'ordinaire, chez les compositeurs de son pays que chez nous autres Allemands, le vice de la coquetterie. Cette vertu consiste à ne pas écrire pour l'argent et, qui connaît Paris, pour qui connaît le train de vie et les pratiques des compositeurs de Paris, il est tout naturel de rendre hommage, dans cette ville même, à une telle vertu. Berlioz est l'ennemi le plus acharné de toute banalité, de toute gueuserie, de toute trivialité, il a juré d'égorger le premier joueur d'orgue de Barbarie qui oserait jouer une de ses mélodies. Si terrible que soit ce serment, je n'ai pas la moindre appréhension pour les joueurs d'un de ces virtuoses des rues, je suis même convaincu que personne ne tient la musique de Berlioz en plus parfait mépris que les membres de cette vaste corporation musicale.

Et pourtant, il est un talent qu'on ne saurait contester à Berlioz : c'est précisément son entente à fournir des compositions parfaitement populaires. Quand j'entendis la symphonie qu'il a écrite pour la translation des victimes de juillet [1830], j'éprouvai l'impression vive que le premier gamin en blouse bleue et en bonnet rouge devait la comprendre à fond ; ce genre de compréhension, à vrai dire, exigerait de ma part le nom de « *national* » plutôt que celui de « *populaire* », car il est certain que, du *Postillon de Longjumeau* à cette *Symphonie* de juillet, il y a encore un bout de chemin à parcourir. Je n'aurais vraiment nulle répugnance à donner le pas à cette composition sur les autres œuvres de Berlioz, elle est noble et grande de la première à la dernière note, un sublime enthousiasme patriotique qui s'élève du ton de la déploration aux plus hauts sommets de l'apothéose, garde cette œuvre de toute exaltation malsaine. En outre, je reconnais à Berlioz le mérite d'avoir employé, dans un style tout à fait noble, la musique militaire d'harmonie qui, seule, était à sa disposition en cette circonstance. Je dois donc retirer ce que je disais plus haut du sort futur des œuvres de Berlioz, au moins en ce qui concerne cette *Symphonie* de juillet, je dois exprimer avec joie ma conviction que cette symphonie durera et exaltera les courages tant que durera la nation portant le nom de France.

Hector Berlioz à Richard Wagner

Paris, 12 octobre 1841

Monsieur,

J'ai présenté à M. Pillet la lettre de Mme de Weber, il en avait déjà reçu une de semblable. M. Pillet désire en effet donner une re-présentation au bénéfice de l'illustre auteur du *Freischütz*, mais il voit de grandes difficultés à vaincre pour y arriver : ne doutez pas que je fasse tous mes efforts pour l'aider à y parvenir. Ce sont malheureuse-ment des questions d'*administration financière* auxquelles je suis et je dois être complètement étranger et contre lesquelles tous les plus nobles sentiments des artistes demeurent impuissants.

J'en reparlerai encore à M. Pillet.

Votre tout dévoué

Richard Wagner à Franz Liszt

2 octobre 1850

[…] Comme cela m'a fait plaisir de voir un Français qui, pour-tant, me touche de bien moins près, prendre les données et les indica-tions qu'il a reçues de toi pour les reproduire dans un article aussi substantiel et aussi lumineux que l'a fait Gérard de Nerval dans le feuilleton de *La Presse* ! Il y a bien, dans ce qu'il dit, des erreurs par-ci par-là, mais, au bout du compte, cela ne fait rien : d'après ce que tu as dit de moi, Nerval a conçu et tracé un portrait qui, du moins, indique clairement et nettement ce que je veux. Ah ! ce qu'il y a de plus terrible, après tout, c'est un Allemand homme de lettres et bel esprit. [...]

Charles Baudelaire à Richard Wagner

Paris, 17 février 1860

Monsieur,

Je me suis toujours figuré que, si accoutumé à la gloire que fût un grand artiste, il n'était pas insensible à un compliment sincère quand ce compliment était comme un cri de reconnaissance et, enfin, que ce pouvait avoir une valeur d'un genre singulier quand il venait d'un Français, c'est-à-dire d'un homme peu fait pour l'enthousiasme et né dans un pays où l'on ne s'entend guère plus à la poésie et à la peinture qu'à la musique.

Avant tout, je veux vous dire que je vous dois la plus grande jouissance musicale que j'aie jamais éprouvée. Je suis d'un âge où on ne s'amuse plus guère à écrire aux hommes célèbres et j'aurais hésité, longtemps encore, à vous témoigner par lettre mon admiration si, tous les jours, mes yeux ne tombaient sur des articles indignes, ridicules, où on fait tous les efforts possibles pour diffamer votre génie. Vous n'êtes pas le premier homme, Monsieur, à l'occasion duquel j'ai eu à souffrir et à rougir de mon pays. Enfin l'indignation m'a poussé à vous témoigner ma reconnaissance ; je me suis dit : je veux être distingué de tous ces imbéciles.

La première fois que je suis allé aux Italiens pour entendre vos ouvrages, j'étais assez mal disposé et même, je l'avouerai, plein de mauvais préjugés ; mais je suis excusable, j'ai été si souvent dupe ; j'ai entendu tant de musique de charlatans à grandes prétentions. Par vous, j'ai été vaincu tout de suite. Ce que j'ai éprouvé est indescriptible et, si vous daignez ne pas rire, j'essaierai de vous le traduire. D'abord, il m'a semblé que je connaissais cette musique et, plus tard, en y réfléchissant, j'ai compris d'où venait ce mirage ; il me semblait que cette musique était la mienne et je la reconnaissais comme tout homme reconnaît les choses qu'il est destiné à aimer. Pour tout autre que pour un homme d'esprit, cette phrase serait immensément ridicule, surtout écrite par quelqu'un qui, comme moi, ne sait pas la musique et dont toute l'éducation se borne à avoir (avec grand plaisir, il est vrai) quelques beaux morceaux de Weber et de Beethoven.

Ensuite, le caractère qui m'a principalement frappé, ç'a été la grandeur. Cela représente le grand et cela pousse au grand. J'ai retrouvé, partout dans vos ouvrages, la solennité des grands bruits, des grands aspects de la Nature et la solennité des grandes passions de l'homme. On se sent tout de suite enlevé et subjugué. L'un des morceaux les plus étranges, et qui m'ont apporté une sensation musicale nouvelle, est celui qui est destiné à peindre une extase religieuse. L'effet produit par l'introduction des invités et par la fête nuptiale est immense. J'ai senti toute la majesté d'une vie plus large que la nôtre. Autre chose encore : j'ai éprouvé souvent un sentiment d'une nature assez bizarre, c'est l'orgueil et la jouissance de comprendre, de me laisser pénétrer, envahir, volupté vraiment sensuelle et qui ressemble à celle de monter dans l'air ou de rouler sur la mer. Et la musique, en même temps, respirait quelquefois l'orgueil de la vie. Généralement ces profondes harmonies me paraissaient ressembler à ces excitants qui accélèrent le pouls de l'imagination.

Enfin, j'ai éprouvé aussi, et je vous supplie de ne pas rire, des sensations qui dérivent probablement de la tournure de mon esprit et de mes préoccupations fréquentes. Il y a partout quelque chose d'enlevé et d'enlevant, quelque chose aspirant à monter plus haut, quelque chose d'excessif et de superlatif. Par exemple, pour me servir de comparaisons empruntées à la peinture, je suppose devant mes yeux une vaste étendue d'un rouge sombre. Si ce rouge représente la passion, je le vois arriver graduellement, par toutes les transitions de rouge et de rose, à l'incandescence de la fournaise. Il semblerait difficile, impossible même, d'arriver à quelque chose de plus ardent ; et, cependant, une dernière fusée vient tracer un sillon plus blanc sur le blanc qui lui sert de fond. Ce sera, si vous voulez, le cri suprême de l'âme montée à son paroxysme.

J'avais commencé à écrire quelques méditations sur les morceaux de *Tannhäuser* et de *Lohengrin* que nous avons entendus, mais j'ai reconnu l'impossibilité de tout dire. Ainsi, je pourrais continuer cette lettre interminablement. Si vous avez pu me lire, je vous en remercie. Il ne me reste plus à ajouter que quelques mots. Depuis le jour où j'ai entendu votre musique, je me dis sans cesse, surtout dans les mauvaises heures : si, au moins, je pouvais entendre ce soir un peu de Wagner ! Il y a sans doute d'autres hommes faits comme moi. En somme, vous avez dû être satisfait du public dont l'instinct a été bien supérieur à la mauvaise science des journalistes. Pourquoi ne donneriez-vous pas quelques concerts, encore, en y ajoutant des morceaux nouveaux ? Vous nous avez fait connaître un avant-goût de jouissances nouvelles ; avez-vous le droit de nous priver du reste ?

Une fois encore, Monsieur, je vous remercie ; vous m'avez rappelé à moi-même et au grand dans de mauvaises heures

Ch. Baudelaire

Je n'ajoute pas mon adresse, parce que vous croiriez peut-être que j'ai quelque chose à vous demander.

Richard Wagner à Champfleury

Lucerne, 16 mars 1870

Mon cher ami,

Ces lignes vous seront remises par un de mes bons amis, monsieur Schuré, dont vous avez peut-être lu l'étude sur mes écrits (dans *La Revue des deux mondes*) et que je vous recommande chaleureusement comme un des meilleurs nôtres.

J'applaudis de tout mon cœur à la fondation du journal dont le programme me paraît un point de départ vers la réalisation de mes espérances favorites, la fusion de l'esprit français et de l'esprit germanique. Vous savez que j'ai toujours l'idée de l'érection à Paris d'un théâtre national où seraient données, dans leurs langues, les grandes œuvres des différentes nations. Seule la France, et Paris en particulier, saurait relier en un faisceau des productions hétérogènes en apparence dont la connaissance exacte est, selon moi, indispensable au développement intellectuel et moral d'un peuple. Parmi les œuvres françaises qui devraient être données sur cette scène exceptionnelle, très indépendantes des intérêts du jour, celles de [Étienne] Méhul tiendraient une première place et je vous félicite d'avoir songé à ce grand artiste que je compte au nombre de mes précepteurs et dont la vie et les compositions sont beaucoup trop peu connues en France.

C'est en souhaitant tout le succès possible à votre louable entreprise que je serre la main très affectueusement.

À vous cordialement, mon cher Champfleury.

Richard Wagner à un journaliste

25 mars 1861

[…] J'ai reçu des lettres encourageantes de gens de lettres, notamment d'un jeune homme dont vous avez peut-être entendu parler, car il a fondé une revue, la *Revue française*, et m'a invité à collaborer. Je nomme M. Catulle Mendès. Quoi qu'il n'ait que seize ou dix-sept ans, il montre infiniment la grâce et l'esprit parisiens et je crois que M. Mendès pourra devenir un critique juste et généreux. […]

Richard Wagner à Catulle Mendès

Lucerne, 9 juillet 1865

Monsieur,

Certes, il ne me faut pas vous donner des assurances pour vous persuader du grand et vrai plaisir que j'ai éprouvé en lisant votre lettre et le beau sonnet dont vous m'honorez.

Vraiment désireux de faire votre connaissance, vous me pardonnerez la prière de vouloir bien m'honorer de votre bienveillante visite. Vous me trouverez d'ordinaire de 6 à 7 heures du soir. En attendant, je me persuade de vous inviter, mercredi prochain, à 2 heures, au Residenz theater où je ferai entendre au Roi et à quelques amis intimes des fragments de mes nouveaux ouvrages.

Dans l'espoir de vous voir bientôt, je vous prie d'agréer l'expression de mes sentiments très sincères.

Avec la plus grande considération.

Votre très dévoué.

Richard Wagner à Judith Gautier

Lucerne, 1869

Madame,

Vous avez eu la bonté de me demander quelques détails sur l'époque de mon premier séjour en France, dans l'intention bienveillante de rédiger à leur aide un article dont la publication coïnciderait avec mon arrivée à Paris qui vous croyez prochaine.

En vous remerciant de l'intérêt que vous voulez bien me porter, permettez-moi de vous dire, Madame, que je n'ai pas l'intention de me rendre à Paris. Je sais que j'y ai d'excellents, voire même de nombreux amis, et j'espère n'avoir pas besoin de vous assurer que je suis capable d'apprécier la valeur et la portée des témoignages de sympathie dont je suis l'objet. Cependant, ma présence et ma participation à la représentation qui se prépare devraient donner lieu à un malentendu. J'aurais l'air de me mettre à la tête d'une entreprise théâtrale dans le but de regagner par *Rienzi* ce que j'ai perdu dans *Tannhaüser*. C'est du moins ainsi, sans nul doute, que la presse interpréterait ma venue. Or, la mise en scène de *Rienzi* au Théâtre-Lyrique n'a été qu'une question personnelle entre M. Pasdeloup et moi.

À la suite de la représentation des *Maîtres Chanteurs* à Munich et de l'attention dont elle a été l'objet, plusieurs propositions m'ont été faites. On a d'abord parlé d'une troupe allemande devant donner, l'un après l'autre, mes six opéras à Paris, puis on a voulu tenter *Lohengrin* en italien, puis encore *Lohengrin* en français, que sais-je ? Bref, il n'était pas question, cet été, de moins de cinq projets concernant la représentation de mes œuvres à Paris. Cependant, je n'en ai point encouragé un seul. Quand M. Pasdeloup est venu me dire qu'il prenait la direction du Théâtre-Lyrique dans l'intention de donner plusieurs de mes ouvrages, je ne crus pas pouvoir refuser à cet ami zélé et capable, l'autorisation de les représenter et, comme il désirait débuter par *Rienzi*, je lui dis, qu'en effet, c'était celui de mes opéras qui m'avait toujours paru devoir s'adapter le plus aisément à une scène française. Écrit, il y a trente ans, en vue du Grand Opéra, *Rienzi* ne présente aux chanteurs aucune difficulté et n'offre au public parisien aucune étrangeté des œuvres qui l'ont suivi. Tant par son sujet que par sa forme musicale, il se rattache aux opéras depuis longtemps populaires à Paris et je crois encore que, s'il est monté avec éclat et donné avec sa verve, il a chance de succès. Ce succès, je le lui souhaite de tout mon cœur et, plus encore, à mon ami M. Pasdeloup qui, de son plein gré, a vaillamment arboré et énergiquement soutenu ma cause depuis une série d'années, mais je serais malavisé de vouloir y contribuer par ma personne : ma nature autant que ma destinée m'ont voué à la concentration et à la solitude du travail et je me sens absolument impropre à toute entreprise extérieure. Ou *Rienzi* fera son chemin sans moi ou, s'il n'est pas capable de le faire ainsi, mon assistance ne saurait l'y aider et nous aurions à nous dire que les conditions lui sont défavorables.

Telle est, en peu de mots, ma façon de voir et la ligne de conduite que je suis décidé ou, pour mieux dire, appelé à suivre en ce qui concerne la représentation de mes ouvrages à Paris, tous tant qu'ils sont. Et veuillez, Madame, ne pas voir dans cette réserve le signe d'un dédain déraisonnable que l'on serait autorisé à prendre pour le masque d'une rancœur mal étouffée. Je suis loin de faire fi d'un succès à Paris et je vous avoue même que j'ai toujours considéré comme une des nombreuses ironies de mon sort que *Rienzi*, fait en vue de Paris, n'ait point été donné, alors que cette œuvre de jeunesse avait encore pour moi toute sa fraicheur.

Mais, puisque vous me parlez de la renommée que je me suis acquise en Allemagne, permettez-moi de vous dire, Madame, que cette renommée s'est faite sans ma participation personnelle, par mes œuvres seules, à l'aide de quelques amis, au milieu des huées de la presse entière du Nord et du Midi et malgré les entraves que ma situation politique opposait à la propagation de mes opéras. C'est ainsi, seulement, que je désire réussir à Paris où j'ai trouvé des amis très dévoués et trop intelligents pour ne pas m'en remettre entièrement à eux du sort de mes œuvres. Si vous me disiez, Madame, qu'une représentation conforme à mes intentions et, par ainsi, ma présence aux répétitions serait, avant tout, nécessaire au succès de l'entreprise, je vous répondrais que *Tannhaüser* et *Lohengrin* ont été mutilés par la plupart des maîtres de chapelle allemands comme ils ne sauraient l'être davantage sur la dernière scène française, et que ce n'est que depuis que le roi de Bavière m'a accordé sa protection qu'il m'a été possible de faire connaître mes intentions dramatiques et musicales sur un théâtre important.

Croyez-moi, Madame, les choses en étant au point où elles sont, je ne saurai faire autre besogne qu'écrire mes œuvres et, pour ce qui est de leur sort, tant dans mon pays qu'à l'étranger, m'en remettre à leur étoile et à mes amis. Je ne suis pas l'homme des accommodements et, cependant, des accommodements sont parfois indispensables.

Je me retire donc, afin de ne pas rendre plus âpre encore, à mes amis de France, la voie si âpre qu'ils ont choisie en essayant de naturaliser en France une individualité essentiellement germanique. Si cette naturalisation est possible, elle se fera parmi eux et sans moi, si elle n'est pas possible, je déplorerai leurs peines en me consolant, par leur pensée, qu'eux, aussi bien que moi, ont puisé leurs forces ailleurs que dans l'idée d'un succès et que leur conviction, pareille à la mienne, les rend indépendants de la bonne et de la mauvaise fortune.

Veuillez, Madame, excuser la longueur de cette explication et croire à ma reconnaissance et à mon respectueux dévouement.

Richard Wagner à Judith Gautier

Lucerne, 6 novembre 1869

Madame,

Je suis à Lucerne et je n'ai pas besoin de vous dire combien je serais heureux de vous voir, ainsi que Monsieur Mendès. Je voudrais seulement vous prier de prolonger un peu votre séjour à Lucerne afin que la joie que vous m'accordez ne soit pas trop vite évanouie.

Je suppose que vous allez à Munich pour l'exposition de peinture. Cependant, comme j'ai la présomption d'admettre qu'il vous serait agréable d'entendre quelques-unes de mes œuvres, j'ai à vous dire que les représentations de *Tannhaüser*, *Lohengrin*, *Tristan* et *les Maîtres chanteurs* ont eu lieu au mois de juin et que *l'Or du Rhin* sera donné au plus tôt le 25 août, si tant est qu'on le donne. Mais j'espère que ni la remise de l'Exposition (1er août) ni la fermeture du théâtre ne retarderont votre visite à Lucerne, bien au contraire, j'en attends la prolongation de votre séjour ici et c'est en vous priant, Madame, de vouloir bien me faire savoir par un mot le jour de votre arrivée que je vous demande d'agréer l'expression de ma respectueuse reconnaissance.

Richard Wagner à Catulle Mendès

Lucerne, 1869

Très cher ami,

Soyez cordialement loué et remercié de votre excellente lettre ! Je vous réponds en français au risque de vos railleries que cela me puisse attirer, mais puisque vous avez pris l'habitude de comprendre ma conversation, je pense que vous devez continuer en perçant dans le sens de ma prose écrite en français.

Du moins, je serai franc, et je vous dirai d'abord que l'affaire [Henry] Litolff, si bien conçue de votre part à me répugne. Il est vrai que, dans ces derniers temps, j'ai pensé quelquefois au cas de nécessité dans lequel je me puisse trouver, un jour, de gagner de l'argent pour subsister et, peut-être, avez-vous entrevu mes préoccupations à ce sujet. Dans ce cas, j'y aurais songé sérieusement avec la résignation d'un homme qui aurait fait les préparatifs de son enterrement. Alors, j'aurais été obligé de donner des concerts, de faire des programmes, d'y songer, d'être varié, amusant, de ménager certaines coupes d'effet finales, etc... J'ai joué un rôle bien bête quand je me suis mis dans ce train-là ! Heureusement pour moi, pour les miens, mes œuvres et mon avenir, j'ai gagné la froide tranquillité de substituer dans ma situation envers ce jeune Roi qui, malgré tout, reste toujours pour moi le remplaçant de tout mon monde contemporain autrefois, récompensateur d'un homme de mon mérite. L'affaire du *Rheingold* passée et dénouée, je me sens désormais invulnérable en face de pareilles attaques. Pourvu que je reste invulnérable en face de pareilles attaques. Pourvu que je reste tranquille, que je ne m'occupe de rien et laisse ceux-là faire ce qu'ils veulent, je m'assure la possibilité de travailler et de finir toutes mes œuvres projetées dont je me flatte qu'elles survivront à tous ces puérils entre-faits et qu'elles seront représentées, comme il faut, au jour voulu par le destin.

Mais, restent mes pauvres amis de Paris ! Vous avez raison, mon cher Catulle ! Ce seul regard m'aurait pu décider à me mêler un peu des concerts de Pasdeloup et je le ferai indubitablement l'année prochaine, mais pas cet hiver. Ne m'en voulez pas ! J'aurais trouvé, pour l'époque où nous sommes des empêchements insurmontables, des difficultés qui, pour la plupart, sont données par la situation bien extraordinaire du monde et de tout ce qu'il contient. J'espère qu'à l'hiver prochain, cette situation sera assez promptement réglée pour ce qu'il sera permis à vos deux amis de Trisbschen de goûter l'hospitalité amicale du Boulevard de Madrid que nous bénissons tous deux du fond du cœur.

Aussi, je me suis trouvé assez mal ces derniers mois, j'étais dégoûté de mon travail et j'ai langui à faire peur et causer de grands soucis à notre généreuse amie. Maintenant, j'arrive à reprendre mon équilibre. La *Götterdämmerung* se dresse devant moi et, seule, la seule source qui rafraîchit les forces de ma vie commence à jaillir. C'est sérieux, je ne dois pas y mêler de Litolff ni même de Pasdeloup...

Or donc, soyer bons et indulgents, pauvres chers amis ! Je vous vois tous encore trop souvent ! Rien de plus touchant pour mon cœur que la mémoire dans laquelle je vous garde ! Croyez-y et, surtout, soignez votre santé ! Faites que nous nous revoyions forts de la consolation de laquelle nous sont à nous l'un à l'autre !

Adieu, mes chers !

Richard Wagner à Catulle Mendès

Tribschen, 1er mars 1870

Cher ami,

Depuis longtemps je portais l'idée de vous écrire bien cordialement, surtout pour vous remercier encore de cet excellent cadeau que vous m'avez fait pour les étrennes. C'est vraiment plus qu'aimable de votre part ! En vérité, si je songe à quelque joie que je puisse attendre du monde extérieur pour cet été, c'est avant tout que je me flatte de l'espoir de vous revoir tous ici à Lucerne et, cette fois, pour bien longtemps. Est-ce que je m'en flatte en vain ?

Mes affaires me dégoûtent horriblement. Je crois à la vérité que mon protecteur me jouera encore le tour d'une *Walkyrie* à la

Rheingold. Je me suis résigné pour ce cas de couper, pour cette époque, toute possibilité d'une communication par le dehors.

Je reçois aujourd'hui les télégrammes m'annonçant un énorme succès des *Maitres chanteurs* qui s'est passé, hier soir, à Vienne. Berlin doit suivre à la fin de mars. En attendant, je travaille autant que mon humeur, parfois gâtée par les tracasseries du dehors, me le permet. J'ai fini la grande Introduction (Vorspiel) de la *Götterdämmerung* formant, pour ainsi dire, une Ouverture tout extraordinaire, et j'ai commencé le premier acte (Hagen, Gunther et Guthrune), je suis à l'entrée de Siegfried. Tout va bien pour cela (l'Ouverture vous fera plaisir).

Je sais que, pour le reste de ma vie, vous êtes toujours suffisamment tenu au courant pas les relations constantes de celle qui, seule, me la rend soutenable. Ainsi, vous vous tiendrez toujours à votre chère dame, notre excellente amie Judith, à laquelle vous direz de ma part tout ce qui est imaginable comme bien et cordial. Et, pour finir ces misérables lignes, je vous prie de traduire tout ce qui vous semble digne d'être traduit par vous, voulez-vous y compter mes articles, tant mieux pour eux, ils sont libres. Seulement, tâchez de trouver un bon titre. *Sur l'art de diriger* ne répond pas au titre allemand, *Ueber das dirigiren* ne dit pas que je parle d'un art quelconque, mais plutôt de l'habitude, ou de la pratique ordinaire, de diriger la musique que j'ai rencontrée partout. C'est une critique, mais pas un enseignement. Avez-vous tous les articles ? Il y en a neuf. Sous peu, ils paraîtront en brochure avec un motto d'après Goethe (Faust, Intermezzo der *Walpurgischnacht*) :

> Mouches bourdonnantes et nez ronflants
> Avec vos familles,
> Grenouilles dans le feuillage et grillon dans le gazon,
> Vous êtes mes musiciens !

Adieu ! cher ami ! Mes plus fervents souhaits pour votre santé et celle de votre dame.

Adieu, cher !

Richard Wagner à Catulle Mendès, Madame Mendès et Villiers de L'Ile Adam

Lucerne, 25 mars 1870

Chère Trinité,

Je vous recommande tous à la Sainte Garde du Graal dont nous sommes chevaliers ! Que Richter et Brassin s'arrangent pour les places du Grand-Maître et Commandeur que je décerne à eux.

La glorieuse affaire que vous venez de me rapporter m'a bien sympathiquement ému. Je vois dans ce Brassin et Richter, entourés et portés par votre intelligente chaleur, un symbole de bon augure : l'esprit d'initiative et d'action françaises uni à l'assiduité et la connaissance persévérante de l'Allemagne. Mes idées de fonder, sur cet amalgame, l'édifice pour lequel on me refuse le terrain depuis si longtemps se sont ranimées de nouveau. Et comme je parais être désigné à recommencer toujours pour chercher à pénétrer par un sentier encore impratiqué, il me semble que vos sympathies, chers amis, vous sont inspirées cette fois par ce même génie, ou démon ? qui veut que je médite toujours quelque chose d'extraordinaire pour arriver à un but que le monde ne peut pas encore apercevoir, mais qui trace avec clarté du jour dans mon âme et que vous, chers amis, entrevoyez avec moi par votre foi enthousiaste.

Sous peu, je vous enverrai des lettres sur un théâtre international à fonder à Paris, dont la publication vous sera confiée par moi.

Dites à tous ces chers noms qui se sont signés sur le télégramme de votre bonne nouvelle qu'ils resteront gravés dans nos cœurs.

Richard Wagner à Catulle et Judith Mendès

12 août 1870

Chers,

Je n'ai pas à vous dire combien votre lettre m'attriste. Il y a une véritable tragédie qui se passe entre nous. Je n'ai rien, absolument rien à vous offrir qui puisse ressembler à une consolation puisque je comprends que, même s'il m'était possible de vous persuader de la justesse parfaite de mon point de vue au sujet de tout ce qui se passe maintenant, vous devriez toujours rester dans votre disposition d'âmes élégiaques, tristes, et résolues d'y rester. Quand j'ai passé de pareilles angoisses, il n'y avait une seule chose qui m'a sauvé. Ce n'était pas l'enivrement de l'art, c'était la cure hydropathique par la philosophie. Tout ce qui me désole, au moment où je tâche de me mettre en rapport avec l'esprit français, c'est d'y rencontrer trop de sentimentalités (je ne parle pas de phrase rhétorique, ne voulant rien dire là où je m'attends à une réflexion froide et une pensée stricte). Il y a là une sorte de fausse poésie qui, assez longtemps, a été soutenue comme vraie poésie par une chance propice qui frappait l'esprit d'une nation sanguine. Cet esprit ne connaît que le présent, l'actualité et c'est par cela qu'il est d'une étroitesse si pénible pour ceux qui peuvent s'expliquer avec lui.

Au contraire, la nourrice de l'Allemand est l'histoire, d'y remonter, c'était notre instruction qui nous consolait en nous fortifiant. L'état des choses d'il y a deux siècles nous est si présent comme l'est à peine, à vous, votre grande Révolution. C'est pour cela que tout ce qui nous est adressé maintenant, même par vos esprits les plus élevés, nous semble un spécimen de fausse logique, orné d'une éloquence déplacée. L'esprit de l'histoire est comme la justice mondaine, il dit : « *Chaque coulpe se venge sur terre.* » Et cet esprit se crée des instruments, ceux qui sont froids et terribles comme vos Dantons (si vous voulez !). Ils ont à punir des crimes inexpiés depuis longtemps et ces hommes sont nés d'après les mêmes lois de la nature que les enfants portant quelquefois les traits d'un bisaïeul.

Vous me direz que ce n'est pas le temps de vous recommander de pareilles réflexions et vous aurez peut-être raison, seulement, ne me nommez pas cruel ! Car c'est dans mon désespoir que je me recueille moi-même par des réflexions puisque je voulais vous dire un mot qui puisse vous délivrer de l'état de triste souffrance dans lequel je vous vois. Et, comme je cherche après de l'eau froide pour rafraichir vos nerfs, je me permets encore d'attirer votre attention sur un point de soutien de votre situation beaucoup plus recommandable que ne le sont, dans ce moment, les orateurs de tribune et les écrivains de proclamation, fussent-ils même vos admirés poètes ! Cherchez à trouver un vrai homme d'État ! C'est cela seul qui vous manque et qui puisse tirer la France de sa situation. Un homme d'État d'un vrai courage, non flatteur de l'esprit public mal guidé depuis qu'il est gouverné par des journalistes ignorants et des comédiens frivoles de la tribune, un homme d'État qui sache, avant tout, expliquer à la nation française ce qui est [sic] et ce que veut la nation allemande, car c'est elle, suspectée par ignorance comme par fatuité, qui frappe maintenant à vos portes, et non pas les « *Prussiens* », comme on se plaît à nous regarder pour nous dénoncer à une haine pleine de mépris. Faites expliquer cet homme d'État à des gens pour qui toute loi n'existe que pour être expliquée à leur seul profit, que cette loi de récompense et de justice existe aussi pour des autres et que, pour sauver la France, il ne suffit pas de faire acclamer une république non existante par ceux qui acclamaient, il y a quelques jours, tout ce qu'on leur donnait à acclamer ; mais qu'il faut avant tout se réserver sur soi-même, renoncer à une fausse gloire et sentir, dans un noble recueillement, pour étudier les vraies forces d'une nation vraiment généreuse !

Qu'est-ce que cela vaut, tout ce que je vous dis ? Probablement pas même la peine d'être lu par vous. Pourtant, je voudrais vous relever, et je ne crois pouvoir le faire qu'en vous invitant à regarder les choses en philosophes pratiques.

Voulez-vous que j'aille encore plus loin pour vous donner un élan dont je me sens, moi, parfaitement capable, si j'étais à votre place ? Écoutez d'abord. L'amie que je suis si heureux de nommer ma femme était étonnée du calme que je conservais aux premiers commencements de cette guerre, alors je lui expliquais que je n'aperçus, dans tout ce qui se passe, qu'un jugement de Dieu porté, cette fois, par la nature des choses et des forces ; dans ce sens, je me disais que, si les Allemands étaient vaincus et détruits, cela m'aurait prouvé que l'espoir fondé par moi sur leur destinée était vain et que j'avais été dans une erreur magnanime à moi. Rien de plus ! C'est dans ce sens que je vous écris maintenant : acceptez le sort tel qu'il est jeté, comme un jugement de Dieu, et étudiez le sens profond du jugement.

Je me vois, à votre place, sur les remparts de Paris et je me dirai alors : si cette capitale énorme devait tomber en ruine, peut-être ! Mais, non peut-être ! Plutôt assurément. La régénération du peuple français aurait son point de départ, comme ce Paris était le gouffre dans lequel se perdait le vrai esprit d'une nation qui, toujours, s'est perdu quand il s'enfermait dans une seule ville, il le reconnaîtra et le développera d'après sa destinée et, dès lors, il y aura des Français pendant qu'à présent, depuis deux siècles, il n'y avait que des Parisiens !

Ceci vous paraîtra trop fort ? Oui, c'est plus que cela, c'est énorme ! Pourtant, je vous le jure, ce serait là mon sentiment quand je serais à votre place. Et voyez ! J'aurais tant de raisons d'être à votre place parce qu'alors je n'aurais pas d'angoisses pour vous. Je n'aime pas vous voir sur des remparts, pendant que je sais (même par les prophéties de votre chère femme) que je n'y pénètrerais pas moi ! Et ce que je regrette seulement, c'est de n'avoir pas vous retenus [sic] de force parmi nous !

Mais, pensez à moi quand je me mets en pensée à votre place, dites à vous [sic] que c'est Wagner qui s'y trouve au lieu de vous et rien ne vous arrivera !... C'est notre seul souhait, à moi comme à ma chère Cosima.

Soyez bénis par vos amis ! Nous sommes avec vous ! Au revoir ! Tout à vous.

Richard Wagner à Catulle et Judith Mendès

5 septembre 1870

Hier, dimanche, enfin ! Notre Siegfried a reçu le baptême. Au moment de la bénédiction, un orage éclaté nous envoya des éclairs et des coups de tonnerre bruyants. La famille du comte Basenheim et une ancienne connaissance du bout du lac de Zurich, la famille du Dr Wille, donnaient leur assistance, avec le bon Ritter. Il paraît que les coups de foudre joueront leur rôle dans la vie de ce terrible garçon. Mais j'aime ces augures du Ciel pendant que je prends en aversion ces coups terrestres qui nous ont privés de votre assistance, chers amis.

Votre lettre, cher Catulle, m'a profondément touché. Soyez-en remercié ! Oui, heureusement, il y a une région d'existence où nous sommes et resterons toujours unis. Tout ce qui nous sépare, même dans notre jugement des choses appartenant à cette région, ne peut contribuer qu'à nous rapprocher davantage. Car nous sommes parfaitement d'accord dans ces deux grands principes : l'Amour et la Musique. Ce sont là les deux lumières, réflectant [sic] d'un seul foyer qui, mises derrière la mauvaise peinture de cette vie terrestre, la rende transparente et nous la montre comme un mirage du ciel !

Eh bien ! Ne soyons qu'amants et musiciens ! Pendant les terribles événements qui se passent maintenant dans votre pays, vous pensez, je le présume, assez souvent avec moi. Je regarde votre silence convenu de si bon sens. Je voudrais pourtant vous exprimer en quoi consiste l'attristement qui me remplit quand je m'occupe de vous dans cette situation. Aussi, c'est difficile à dire. Mais peut-être me comprendrez-vous si je vous dis que ce qui m'ôte toute espérance, c'est que je n'entends que des proférations d'assurance de courage patriotique parmi vous, d'un courage à exterminer tout envahisseur de votre sol, pendant que j'entends en vain une seule voix qui ait le courage de dire la vérité, cette vérité qui est qu'il s'agit ici d'une invasion cruellement méditée et seulement prévenue par ceux auxquels elle était méditée ! Mais il paraît que l'aveuglement est plus patriotique que l'éclaircissement sur la vérité ! Et comme j'attends toujours, en vain, je perds toujours de plus en plus l'espoir d'une tournure bienfaisante et réconciliante de ces luttes. Oh ! que c'est difficile de dire : J'ai eu tort ! Mourons plutôt tous… Ô Avignon ! Ô promenades sur les différents lacs de certains pays non existants ! Seriez-vous restés chez nous ! Je vous aurais fait prisonniers. De guerre, non. Seulement en tout honneur, mais en amour et en musique surtout. Et nous nous serions mariés, baptisés et bien d'autres choses avec cela !... Mais d'Avignon ! Je le devinais !

Et maintenant, tout s'est calmé autour de moi et ma généreuse épouse. Tout est réglé, la loi s'est accomplie, des félicitations de toutes parts nous arrivent, c'est comme dans un port après un orage de mer, et maintenant, vous, pauvres amis bien-aimés ! Vous aurez là une jolie tranquillité ! Et même après la paix. Qu'est-ce que jouera Pasdeloup ? Il n'osera plus jamais jouer une note allemande ! En effet, il faut que j'arrange Bayreuth pour vous dédommager… Nous verrons !

Adieu ! chers amis ! Ma femme vous envoie ses plus cordiales tendresses et moi je vous reste toujours dévoué de tout mon cœur. Au revoir donc.

Richard Wagner à Catulle et Judith Mendès

Décembre 1873

Chers, chers amis !

Vous, Judith et Catulle ! Nous voudrions vous avoir auprès de nous pour bien vous faire comprendre combien vous êtes chers à nous !

M. Grandmougin m'écrit pour avoir une lettre de moi. Mais c'est pas peu de chose, une lettre française, pour moi ! Si je dois m'y mettre, ce serait alors pour vous écrire, à vous, en vous priant de m'excuser auprès de M. Grandmougin dont la charmante esquisse m'est bien parvenue et nous a fait beaucoup de plaisir. Je n'entends plus les nationalités, moi, je ne veux plus d'imitations dans ce genre. J'aime les Français, mais je déteste les Alsaciens (note : excepté le seul Schuré qui a reçu mon absolution absolue !) et veut garantir l'Allemagne de devenir un [sic] grand Alsace, ce dont elle n'était pas si loin. Alors, vous pouvez peut-être encore tirer quelque profit d'une culture vraiment allemande et originale.

Mais non à nous, mes chers, laissons ces débats futiles ! Je ne voudrais, à votre égard, que vous avoir près de nous ! Nous espérions vous voir cet été, mais, depuis, vous restez muets. Le télégramme seul interrompra votre silence. Quant au grand Pasdeloup qui, du reste, paraît un peu endormi, chez nous, c'est-à-dire à Bayreuth, tout marche bien quoiqu'un peu lentement. Notre grand théâtre se présente déjà grandieusement sur sa colline et, si l'argent ne nous manque pas, tout peut se finir pour l'année 1875. Mais vous viendrez nous voir, j'espère, déjà l'été prochain. Cela ne peut plus durer comme cela, croyez-moi. Au printemps, vous nous trouverez enfin emménagés dans notre nouvelle maison qui nous donne encore grande besogne. Cela sera très convenable, vous verrez !

Et maintenant dites-moi, cher Catulle, auriez-vous le loisir pour vous occuper un peu des besoins de ma bibliothèque qui commence à prendre des proportions respectables ? Je viens de parcourir une de vos lettres dans laquelle vous étiez si bon de me donner d'excellents avis sur ce qui se peut avoir de littérature brahmanique et bouddhiste. Je m'arrête sur ces trois livres :

50 fr. 1° *Oupnekhali*, par Anquetil-Duperron

5 frs. 2° le *Baghvat-Gita*, par un des Burnoufs.

150 frs., et 3° le *Mahabarata* entier en 2 volumes (125 frs.)

Voudriez-vous bien prendre ces livres chez le libraire, me faire dire le prix exact pour que je vous envoie l'argent et puis me les faire envoyer par qui que ce soit (je pense par le libraire même) ?

J'espère d'avoir, avec cela également, de vos nouveaux travaux. Judith a déjà sa bonne place dans notre bibliothèque, même joliment reliée, car j'ai formé un relieur bayreuthois, vous verrez.

En attendant, nos enfants, notre maison, la grande entreprise, mes travaux personnels, nous occupent de jour en jour, d'heure en heure, de manière à ne pas sentir la solitude dans laquelle nous vivons. Du reste, vous voyez comment je suis encore maître du français, vous avez bien à rire quand je me mets en colère française. Je vous dis tout cela pour vous séduire.

Adieu, chers amis ! Donnez-moi de vos nouvelles et que Dieu donne qu'elles puissent être bonnes !

Les enfants, avec Siegfried (qui se fait admirablement bien) vous embrassent et, moi et Cosima, nous faisons la même chose ! Nous vous aimons d'un vrai amour, et soyez un peu heureux !

Tout à vous.

Richard Wagner à Judith Gautier

Bayreuth, 4 septembre 1876

Chère.

Je suis triste. Il y a réception encore ce soir, mais je ne descends pas. Je relis quelques pages de ma vie, dictées autrefois à Cosima. Elle se sacrifie aux habitudes de son père, hélas !

Aurais-je vous [sic] pour la dernière fois embrassés ce matin ? Non, je vous reverrai. Je le veux puisque je vous aime. Adieu ! Soyez bonne pour moi !

Richard Wagner à Judith Gautier

Londres, mai 1877

[…] Chère âme, douce amie ! Je vous aime toujours ! Toujours vous me restez ce que vous êtes, le seul rayon d'amour dans ces jours si réjouissants pour quelques-uns et si peu satisfaisants pour moi. Mais vous étiez pour moi d'un feu si doux, calmant et enivrant ! Oh que j'aimerais vous embrasser encore, chère douce. Je vous plains de votre existence. Mais tout est à plaindre. Surtout, ce serait moi si je suivrais [sic] votre conseil de vous oublier. […]

Je ne me souviens de vos embrasements que comme du plus enivrant et du plus enorgueillant événement de ma vie. C'est un dernier don des Dieux qui ne voulaient pas que je succombe au chagrin de ma fausse gloire des représentations des *Nibelungen*. Mais, quoi parler des misérabilités ! Je ne crie pas, mais je garde dans mes meilleurs moments un désir si doux, si bienfaisant, ce désir de vous embrasser encore et de ne pas perdre jamais votre divin amour. Vous êtes à moi, n'est-ce pas ?

Richard Wagner à Judith Gautier

Bayreuth, 1er octobre 1877

Chère amie,

[…] je vous envoie par un mandat de poste 62 francs et vous prie de soigner un très joli sachet garni en soie, etc. Vous choisirez pour cela une odeur de votre goût, mais bien de votre goût, dont [sic] vous ajouterez peut-être une demi-douzaine de poudre-sachets en papier, pour ce [sic] que les puisse mettre entre mon propre linge du matin, ce qui me servira d'être en bon rapport avec vous quand je me mets au piano, pour composer la musique de *Parsifal*. [...]

Encore une chose. Je veux avoir, pour ma chaise longue, une couverture toute belle et extraordinaire que j'appellerai « Judith ». Écoutez ! Faites de trouver une de ces étoffes de soie qu'on appelle « Lampas » ou – comment ? Fonds satin jaune – le plus pâle possible – parsemé par des tissus de fleurs roses ; le dessein [sic] pas trop grande, car ce n'est pas pour les rideaux, on s'en sert plutôt pour des petits meubles. S'il n'y a pas de jaune, alors du bleu très claire [sic]. Même fonds blancs, ce qui sera plus facile à trouver. Il m'en faudrait six mètres ! [...]

Richard Wagner à Judith Gautier

15 novembre 1877

Mon âme !

Les deux caisses sont arrivées hier. Je vous ai admirée, mais j'étais inquiet pour la robe japonaise. Mille grâces pour le télégramme d'aujourd'hui. Le flacon Henri II ne sera pas oublié ! […] Je n'ai pas osé de me mêler aux parfumeries, mais je trouvais, dans la boîte des gants, quatre petits paquets d'une poudre que je goutai avec délice. Est-ce de la verveine ? Eh bien, en envoyez [sic] à moi tout spécialement de cette agréable odeur en poudre, des multitudes ! […]

Richard Wagner à Judith Gautier

même date que la précédente

Ma Judith,

[…] Je m'aperçois par votre terrible note que votre caisse est épuisée. (Cette note était une bonne punition pour moi car, savez-vous, compter, faire l'addition, cela me cause une peine inimaginable !) Je vous envoie demain encore 500 francs pour une peinée, que vous êtes, pour ces futilités. Mais, quoi qu'il en soit, vous avez bien fait de ne pas rejeter mes commissions, et vous avez parfaitement réussi.

De tous les parfums, c'est le petit flacon en bois que je préfère comme le plus noble. Mais je vous prie de m'envoyer un ou deux de ces charmants pulvérisateurs, car je crains – à cause de mon inhabileté – de les abîmer bientôt.

Judith, soyez de bonne humeur ! […]

Richard Wagner à Judith Gautier

30 novembre 1877

Oh ! ma chère Judith ! Cessons de nous fatiguer pour cette misérable affaire ! Je m'abstiens de satin rose ! Pour les parfumeries, suivez absolument votre goût et votre vue en fait des besoins. Tout ce que vous me proposerez sera bien venu, jusqu'aux *Cold-Cremes* ! Seulement il me faut, à moi, des odeurs (bien à rose !) un peu fort [sic] puisque je ne sens pas facilement. La Japonaise sera arrivée ? Vous l'arrangerez à merveille. Oh ! j'en suis sure [sic]. Mais reprenons sérieusement l'affaire des soies brodées (tisées) (ou comment ?) Si ce n'est pas le lampas, alors les *Pampee dorero* (?) (nom horrible !). Les rayures sont très bien, notamment en fonds claires [sic], et parsemées [sic] par de petites roses ou choses pareilles. Je ne veux pas de style, j'aime plutôt le caressant. C'est une faiblesse, mais je préfère. [...]

Richard Wagner à Judith Gautier

4 décembre 1877

Chère aimée !

[...] Maintenant, pour ce flacon dont il s'agit, je tiens à une chose extraordinaire. Je veux un peu égaler Cosima dans ses excès : elle m'a fait cadeau d'une tabatière incroyablement belle, du commencement du siècle de Louis XVI, qu'on a trouvée en possession d'une ancienne famille de Munich. Ainsi, choisissez une très belle chose, mais il faut que vous la choisissiez ; c'est à votre goût que je m'en confie ! Je vais vous envoyer encore 500 francs en attendant vos autres commandes.

Abstenez-vous du satin. Je m'en passe. Je suis fou d'une certaine couleur qui ne se trouve plus : ce qu'on présente, c'est du chamois ou, peut-être, de la couleur de chair (Ah ! si c'était la couleur de votre chair, j'aurais en même temps le rose voulu !) Mais, si cela peut vous amuser, tâchez de trouver encore une (ou même deux) de ces étoffes (bien !) Pompadour, à rayures, que je vous ai signalées, toujours à 6 mètres chacune.

Pour les parfumeriez, *excédez*, je vous en prie, des eaux pour bains, etc. en flots abondants, par douzaines. Car nous vivons dans un désert délaissé de toute aménité. Faut-il que je vous renvoie l'échantillon du satin qui, pour la qualité, était tout de mon genre ? C'est vrai.

Et maintenant ! Douce ami ! beau génie ! Je rêve de passer encore, en réfugié, les rues boueuses de Paris, abandonné par tout le monde ! Soudain, je vous rencontre, à vous, Judith ! Vous me prenez au bras, vous m'emmenez chez vous, vous me couvrez de baisers !... Ah ! c'est très touchant, très touchant ! Oh ! temps et espace ! Ennemis ! J'aurais dû vous trouver alors… Il est longtemps de là !

Je vous embrasse.

Richard Wagner à Judith Gautier

20 décembre 1877

Chère amie !

[…] Arrivons au *sérieux* : d'abord aux deux caisses qui ne sont pas arrivées. Eh bien ! Elles arriveront et je me plongerai dans votre âme de bienfaisance. Désistez-vous parfaitement du satin rose : il serait de trop et utile à rien. Je pourrai attendre les deux coupons dont [sic] je vous ai écrit dans ma dernière lettre ? Le satin broché sera réservé : j'incline à une commande de 30 mètres, mais peut-être on

changera les couleurs pour les faire flatter encore mieux mon goût :
c'est-à-dire ! le chamois serait gris d'argent et le bleu mon rose très
pâle et tendre. […]

Mais, encore une fois, soyez prodigue, surtout pour la qualité
des eaux de bains, telles que les ambres, etc. J'ai la baignoire au-dessus de mon atelier et j'aime à sentir monter des odeurs. […]

Oh ! chère âme ! bien-aimée âme ! Tout est si tragique, tout ce
qui est *réel* ! Mais vous m'aimerez toujours, et moi je ne saurais autrement, même avec la plus forte volonté.

Mille baisers.

Richard Wagner à Judith Gautier

24 décembre 1877

Chère âme aimée !

Quel malheur de savoir si peu le français ! Je crois avoir commis la bêtise de commander à notre femme de chambre en français :
elle a pris un corset ! Ah ! quel désastre ! Mais à la fin je m'aperçois
que je vous ai mis en erreur constante par une bévue pareille pour le
« Lampas ». J'ai parlé d'étoffes tissées ou brodées, au lieu que cela
s'appelle « broché ». Eh bien donc, du satin broché pour mes meubles,
un article pour lequel on excelle à Paris. […]

Si vous trouvez l'étoffe parfaitement égale à ce coupon [*qu'il
lui envoie*], faites-moi savoir combien il coûte et combien il y en a au
magasin. Mais, si vous trouvez une chose dans ce genre, peut-être encore plus éclatant et orné, prenez de suite les six mètres pour ma couverture. […] N'oubliez pas de débauches en parfumerie ! Et quoi encore ? Rien que ce que vous savez. Les rêves de Paris, et vous, me
rencontrant. […]

Richard Wagner à Judith Gautier

même date que la précédente

Oh ! ma Judith ! Si vous êtes belle, vous êtes bonne à tout excès ! J'ai pleuré quand j'ai retiré l'œuvre de votre grâce de cette caisse qui contenait pour moi plus que je ne puis vous dire : le parfum de votre âme ! Oh ! que vous êtes bonne et bienfaisante. Puissiez-vous être heureuse !!!

J'ai reçu votre dernière lettre. Elle m'a bien blessé ! Comme on a hâte de blesser quelqu'un et de supposer des principes durs ! Moi et principes ! Moi qui ne fais que souffrir et produire, dont la vie n'est qu'un perpétuel ouragan dont les mouvements, en face du monde, ne sont que des convulsions ! Vous vous repentirez, j'en suis sûr, et moi je plongerai dans les audaces de votre ami… Mais que dis-je !

Ingrat que je suis ! Ces caisses, cette multitude de choses dont la recherche vous doit avoir causé des peines inouïes ! Pourtant, il y a quelque chose d'oublié : un de vos baisers qui m'enivraient lorsque j'étais harassé au dernier point. Allons, soyons contents. Tout ira bien. Et bientôt vous attendrez encore de moi, de votre triste méconnu. […]

Richard Wagner à Judith Gautier

30 décembre 1877

[…] Tout est arrivé, excepté les babouches, mais que j'attends encore dans la journée. Je ne sais pas encore juger de toutes ces eaux parfumées. La poudre que j'admirais (parmi les gants) c'était d'Iris. Je m'en suis aperçu plus tard. Je reste attaché à la rose. La petite boîte en bois paraît retenir une merveille. Eh bien ! cela sera cette essence pour les fluides. Pour les bains, nous verrons encore. Si cela ne vous importe pas, je vous renverrai – je pense – les deux coupons d'étoffes tissées. [...]

Richard Wagner à Judith Gautier

4 janvier 1878

Chère âme,

C'est votre bronchite qui m'afflige : pour le reste de vos inquiétudes, je me calme ! [...]

Maintenant, pour le reste de nos affaires, mentionnons d'abord les étoffes brochées, et convenons que le goût et l'esprit de la France s'est un peu alourdi depuis quelques lustres, ce qui se comprend par la seule comparaison du coupon que je vous ai envoyé et de celui que vous me proposez – faute de mieux – comme remplaçant. Puisque vous me le permettez, je vous ai renvoyé tous ces coupons, vous verrez de [sic] qu'en faire. Si l'on ne les reprend que pour échanger contre d'autres étoffes du même magasin, ce sera difficile, pour vous, d'en [sic] choisir encore d'autres choses en équivalent. Mais si c'est le même magasin qui vous a offert de faire refaire, par nouvelle commande, le modèle du coupon (d'il y a 13 ans), alors entendez-vous pour le métrage à commander. Il y a dix ans que l'on me disait, de la part d'une telle fabrique de soieries, que l'on accepte une commande pour 15 mètres, et on l'a fait. Eh bien ! la bronchite guérie, vous agirez d'après votre avis.

Pour la parfumerie, j'accepte le lait d'Iris que vous me proposez : envoyez en bonne quantité. J'accepte, de plus, la continuation des poudres de *White-Rose*, mais je vous conseille d'examiner la poudre de *Rose* (simple) de Rimmel : je me rappelle de cette odeur comme la plus pure et originale de vraie Rose. Si vous y consentez et acceptez, partageons de ces poudres en bonne quantité. J'accepterai également des eaux, soit du même rose de Rimmel ou de la *White Rose* de Atvinson.

Vous m'instruirez aussi, bien exactement, de l'usage à employer pour goûter le contenu du petit flacon en bois ? Est-ce tout ? Mais non ! dites-moi si il vous reste encore d'argent [sic] et comptons, alors nous disposerons avec plus d'aplomb et d'assurance.

Félix est arrivé à Noël !

Oh ! vous ! belle et douce, que j'aurais dû trouver alors, alors ! Là ! Gardez votre santé, et soyez toujours sûre de moi qui vous aimerai toujours ! *Lebe wohl* ! *Liebe, Schone* !

Richard Wagner à Judith Gautier

même date que la précédente

[…] Puisque vous êtes obligée de prendre, en échange, d'autres étoffes à de certains magasins, pour vous faciliter le choix, presque impossible – pour les circonstances –, prenez un beau satin blanc, car nous éviterons même les difficultés des nuances de couleurs, et le satin blanc sera toujours utile. Eh bien ! après les parfumeries, etc., comptez le reste de ma fortune, déposé chez vous, et dépensez-le pour ce satin blanc. […] Eh bien, cela me laisse toujours gai d'avoir encore à attendre de vos envois. […]

Richard Wagner à Judith Gautier

22 janvier 1878

Ma belle abondance ! [...]

Je vous plains bien des peines continuelles que vous causent mes misérables commissions. Tâchez donc, je vous en supplie, de contenter votre terrible antiquaire par une bonne partie de l'argent : laissez à lui la moitié du payé, mais il paraît absolument que cela ne vaut pas la peine de fouiller encore dans ses magasins ! Ou... excusez-moi ! Est-ce peut-être que cet antiquaire qui garde la robe japonaise que vous savez [...] Si, à part cette affaire, vous vous obstinez de [sic] me procurer encore un satin dont la couleur j'aime, tâchez de trouver celui qui correspond parfaitement à l'échantillon ci-joint. Vous devez le trouver dans une de vos compagnies de Lyon puisque c'est une couleur à la mode ! On l'appelle, je crois, Ophelia (!!). Je pense qu'il sera à 15 fr., prenez 8-10 mètres.

Eh bien ! j'attends les Babouches et ces quelques parfumeries. Je me confesse partisan de l'essence de Roses en flacons de bois, et je voudrais encore *Cold-Creames* parfumées. Ah ! Encore ! tâchez de trouver encore une ou deux éponges de toilette, *immenses* [...].

Est-ce tout ? Je pense !

Oh ! vous ! Âme chaude et douce ! Que je me trouverais inspiré dans vos bras ! Faut-il l'oublier ? Non ! Mais tout est tragique – tout penche – au meilleur cas – à l'élégie !

À vous. À vous ! Belle abondance de ma vie.

Richard Wagner à Judith Gautier

27 janvier 1878

Ma Judith !

Tout est bien arrivé. Les Babouches vous auront sonné aux oreilles ? Le lait d'Iris – excellent. Mais il en faut beaucoup, un demi-flacon pour le bain ? Et j'en prends tous les tous les jours. Pensez-y *La Rose du Bengale* de Rimmel l'emporte sur la *White Rose*. Adoptons-la, et en envoyez-moi une multitude, car je suis excessif.

Et quoi encore ?

Oui ! Je veux absolument que vous portiez bien, car je passe très souvent devant cette pauvre maison de Bayreuth duquel [sic] j'étais chassé par vous.

figures de l'engagement

« *On regrette l'indifférence de Balzac devant les journées de 1848, l'incompréhension apeurée de Flaubert en face de la Commune* [...] *Je tiens Flaubert et Goncourt pour responsables de la répression de la Commune parce qu'ils n'ont pas écrit une ligne pour l'empêcher, ce n'était pas leur affaire, dira-t-on, mais le procès Calas, était-ce l'affaire de Voltaire ? La condamnation de Dreyfus, était-ce l'affaire de Zola ? L'administration du Congo, était-ce l'affaire de Gide ? Chacun de ces écrivains, en une circonstance particulière de sa vie, a mesuré sa responsabilité d'écrivain. L'occupation nous a appris la nôtre.* » Jean-Paul Sartre, « Présentation », *Les Temps modernes*, 1945

Si la fonction suprême de la littérature engagée est de conduire le lecteur à s'émanciper et même à agir, sur le modèle du théâtre d'Augusto Boal destiné à promouvoir la participation directe, le pire travers pour un historien étant l'anachronisme, sans croire au retour de l'Histoire il est pour lui une mission essentielle : comprendre le passé pour éclairer le présent. Marc Bloch fut cet historien engagé, militaire en 1914 puis réclamant d'être mobilisé en 1939 ce dont il pouvait se garder, à 53 ans, victime qu'il était d'une maladie invalidante et père de six enfants. En 1940, le médiéviste, au faîte de l'origine féodale de l'armée et de la bureaucratie puis témoin direct du gâchis humain par les généraux entre 1914 et 1918, écrivait dans *L'Étrange défaite* que « *l'incapacité du commandement* » fut « *la cause directe du désastre* », il ajoutait son impunité et la dilution de sa responsabilité au travers des échelons administratifs. Enfin, devenu résistant en 1943, il sera arrêté, torturé et assassiné par les nazis en 1944.

La collection *figures de l'engagement* ne prend alors pas pour base la théorie de l'écrivain engagé selon Jean-Paul Sartre, car il écrit sa « présentation » en 1945 après une guerre à laquelle il n'a pas participé comme résistant direct tel René Char, ou même par écrit comme François Mauriac dans *Le Cahier noir* pour en appeler à la résistance. Celui qui, dans « Paris sous l'occupation » prit même le temps de noter que les soldats allemands « *offraient, dans le métro, leurs places aux vieilles femmes, ils s'attendrissaient volontiers sur les enfants et leur caressaient la joue* », doit être estimé à l'aune de son reproche du mutisme de Gustave Flaubert lors de la répression de la Commune. Il avait apporté sa contribution à l'hebdomadaire *Comœdia* qui, selon les termes de l'historien Pascal Ory, jouait un rôle essentiel « *dans l'édification d'une culture collaborationniste* » jusqu'au « *pangermanisme* », soutenu qu'il était par le dignitaire nazi Gerhard Heller. Sartre y avait publié en 1941 un article d'histoire littéraire sur Herman Melville, il y ajoutera en 1944 un hommage après la mort de Jean Giraudoux qui avait écrit en 1939 : « *Nous sommes pleinement d'accord avec Hitler pour proclamer qu'une politique n'atteint sa forme supérieure que si elle est raciale.* » Entre-temps, il lui avait donné un entretien sur la future première de sa pièce les *Mouches* qui, en 1943, comme l'année suivante pour *Huis clos*, sera jouée à Paris après le principe de la double censure – lecture préalable puis contrôle de visu à la première – du service de propagande nazi. Dès lors que la représentation se fera notamment devant un parterre de militaires de ce régime, le caractère supposé engagé de ses pièces pose le problème du rôle effectif de la littérature noyée dans la fiction. Surtout, Sartre avait remplacé en 1941 le professeur de philosophie du Lycée Condorcet Henri Dreyfus-Le Foyer révoqué par le gouvernement de Vichy pour ses origines juives, ce dont Marc Bloch avait lui-même été victime en 1940.

Contrairement à André Malraux ancien résistant, il n'hésitera pourtant pas à s'engager dans l'épuration des écrivains collaborateurs, cependant Malraux avait écrit bien avant lui, en 1928, que dans son roman *Les Conquérants* « *prend naissance cette biographie mythique de l'homme engagé au cœur des crises de l'Histoire* ». Malraux, passé maître dans l'art d'utiliser le roman pour mythifier son passé, n'a rien écrit sur son arrestation et sa condamnation en Indochine, de surcroît sous colonisation française, pour « *bris de monuments et détournement de fragments de bas-relief dérobés au temple de Banteai-Srei du groupe d'Ankor* ». Il ne s'agit pas plus de prendre appui sur son engagement au titre de premier ministre de la culture du général de Gaulle, début d'une intervention étatiste dans la création. Cependant Sartre était politiquement un émule de Malraux qui, là encore avant lui, fit l'éloge du soviétisme et fut proche de la IIIe Internationale de 1932 à 1939. Jamais pourtant Malraux ne serait allé aussi loin que Sartre dans ce jugement du régime stalinien : « *L'existence des camps peut nous indigner, nous faire horreur ; il se peut que nous soyons obsédés, mais pourquoi nous embarrasserait-elle ?* »

Si l'engagement implique un écrivain à hauteur de situation à défaut reste celui qui, selon ses termes, est « *en situation dans son époque : chaque parole a des retentissements, chaque silence aussi* » or, en octobre 1939, il était parti de l'idée que « *Hitler a dit cent fois qu'il ne voulait pas attaquer la France* ». Viendra plus tard : « *Mao, contrairement à Staline, n'a commis aucune faute* » alors que, sans même parler du nazisme, puisqu'en temps de paix et contre sa propre population Mao détient le record des crimes de masse. Il avait soutenu en 1954 : « *Le citoyen soviétique possède, à mon avis, une entière liberté de critique* », la faiblesse foncière de ses analyses politiques tenait à des voyages à l'invitation de dignitaires, sans contact direct avec les populations écrasées sous le joug. Jamais il ne lui était venu à l'idée de ne parler qu'en connaissance de cause avec preuves à l'appui, pas plus qu'il n'était historien il n'était donc journaliste cependant, ses erreurs étant ensuite dénoncées, par renversement il pratiquait ce que la psychologie appelle la *projection*, la dénonciation chez les autres de ses propres errements, notamment chez Albert Camus.

Il s'ensuit qu'il faudra bien des enquêtes de chercheurs avant que le masque ne tombe au point que, en 1983, Michel Foucault notera : « *Aucun des philosophes de l'engagement politique, ni Sartre, ni Simone de Beauvoir, ni Merleau-Ponty, n'ont fait quoi que ce soit* » et la collection *figures de l'engagement* repose alors sur la corrélation foucaldienne entre les mots et les choses. Sartre usant et abusant du mot « *responsabilité* » après 1945, s'il écrit que l'écrivain « *est responsable de tout : des guerres perdues ou gagnées* », au regard de son rôle sous la Seconde Guerre mondiale il doit alors être confronté à Simone Weil, résistante effective contre le nazisme qui, dès 1941, avait lancé : « *Je crois à la responsabilité des écrivains de l'époque qui vient de s'écouler dans le malheur de notre temps* », surtout, disait-elle, complétant Bloch, dans « *la défaite de la France* ». Celle pour qui « *la responsabilité des écrivains ne peut se mesurer au chiffre d'un tirage* », elle aussi professeur de philosophie, avait quitté ses fonctions à l'âge de vingt-cinq ans afin de proprement *forger* son engagement dans le partage du travail des ouvriers de forge de Basse-Indre, de presse des usines Alsthom et de fraise de Renault. Elle écrira *La Condition ouvrière* après l'avoir éprouvée, à cet égard le mot qui correspond à la chose est celui d'*auteur* dont le seul sens est de reposer sur une *autorité* intellectuelle, une connaissance vécue du sujet dont on parle. Sans aller jusqu'à avancer qu'il existe l'intellectuel qui défend la misère en accueillant les miséreux chez lui sans rien médiatiser et celui qui milite sous la lumière des caméras pour que l'État le prenne en charge, le fait est que Sartre, juché sur un baril devant une foule de micros, s'adressa sans empathie aux ouvriers des usines Renault en 1970. À l'inverse de Weil, il relevait plutôt de la *société du spectacle* d'autant que Régis Debray, lui-même un temps écrivain engagé, note que toute sa génération littéraire se situait « *à mi-chemin de la solennité ecclésiastique d'avant et des stridences publicitaires d'après* ».

S'il faut au moins reconnaître à Sartre d'avoir écrit, à la lumière du fascisme italien, cette évidence contextuelle : « *Nous sommes les écrivains les plus bourgeois du monde* », tel Flaubert il attaquait la bourgeoisie dont, paradoxalement, il s'excluait. En outre, alors que Weil avait directement participé à la guerre d'Espagne en 1936 dans les rangs anarchistes, Sartre écrira en 1968 : « *Si on relit tous mes livres, on se rendra compte que, profondément, je n'ai pas changé et que je suis toujours resté anarchiste.* » Dans un article de 1973 intitulé « Élections piège à cons » il prolongera, d'une certaine façon, *La Grève des électeurs* de l'écrivain anarchiste, mais monarchiste de cœur Octave Mirbeau, paru en 1888 sans base organisationnelle au moins théorique, par quoi il appartenait plutôt au populisme. Sartre, qui s'est ainsi défini : « *Je n'ai jamais accepté aucun pouvoir sur moi et j'ai toujours pensé que l'anarchie, c'est-à-dire une société sans pouvoir, doit être réalisée* », fut néanmoins compagnon de route du soviétisme après les procès de Moscou et donc n'avait rien à redire aux camps d'internement. Pour le moins l'autre Simone, de Beauvoir, avait l'avantage de l'honnêteté lorsqu'elle reconnaissait : « *Sartre bâtissait ses théories à partir de certaines positions auxquelles nous tenions avec entêtement. Par notre amour de la liberté, notre opposition à l'ordre établi, notre individualisme, notre respect de l'artisanat, nous nous approchions des anarchistes. Mais à vrai dire, notre incohérence défiait toutes les étiquettes.* »

Le problème tient au fait que les seules *figures de l'engagement* auxquelles Sartre se réfère en 1945 sont des défenseurs de causes isolées néanmoins, quand il mentionne Voltaire il passe sous silence qu'il méprisait Jean Calas. Lorsque, confronté au Sartre militant urbain, de Gaulle déclare dans les années 1960 : « *On n'emprisonne pas Voltaire* » ce dernier était l'exemple le plus abouti de l'hypocrisie littéraire : défenseur du nègre de Surinam tout en détenant des actions de la Compagnie des Indes, puis il sera encensé, sous Vichy, dans l'essai *Voltaire antijuif* citations à l'appui. Sans même évoquer Louis-Ferdinand Céline – *La Nausée* de Sartre ayant paru avec en exergue une citation de lui – la collection *figures de l'engagement* s'inscrit alors en faux contre la théorie de Denis Diderot contenue dans l'*Encyclopédie* : « *L'équité veut qu'on distingue bien la personne de l'opinion et l'auteur de l'ouvrage ; car c'est bien ici qu'on a la preuve complète que les mœurs et les écrits sont deux choses différentes.* » Méritent en effet d'être rapportés les propos de Frédéric II roi de Prusse dans un essai écrit en français : « *J'espère que la postérité pour laquelle j'écris distinguera en moi le philosophe du prince et l'honnête homme du politique.* » Les liens politiques de Voltaire avec ce monarque sont alors à compléter par les théories peu progressistes que Diderot rédigea à la demande de Catherine II de Russie car le vrai but de l'*Encyclopédie* avait ainsi été fixé par Jean Le Rond d'Alembert en 1773 : « *Éclairer les souverains sur leurs véritables intérêts, rendre leur autorité plus douce et plus fidèle l'obéissance qui leur est due.* » Bien après le financement des écrivains par le mécénat d'État pour leurs compétences propagandistes Weil ajoutera « *les efforts accomplis autrefois par certaines formations politiques pour s'assurer du nom d'écrivains célèbres à des fins démagogiques* ».

Il convient donc de poser que les réelles *figures de l'engagement* accordent leurs actes à leurs paroles, sur ce point le père de l'anarchisme, Pierre-Joseph Proudhon, avait beau soutenir qu'« *il y avait charlatanisme et lâcheté, selon nous, à parler éternellement socialisme, sans rien entreprendre de socialiste* », il n'organisa jamais une association conforme au mouvement ouvrier du XIXe siècle, tel l'inventeur du socialisme réel, Pierre Leroux, créateur à Boussac en 1844 d'une communauté égalitaire forte de plus de quatre-vingt personnes et fondée sur le travail de la terre à ambition écologique. Néanmoins, à l'inverse de Proudhon, le Sartre anarchiste n'a jamais construit au moins intellectuellement une solution alternative au capitalisme, il s'est moins aventuré sur le terrain de la philosophie que sur celui de l'opinion pour devenir un simple critique de la société à une époque où le poujadisme des années 1960, à l'instar des syndicats ayant perdu leur rôle autogestionnaire, réclamait tout à l'État.

Si sa théorie de l'écrivain engagé et responsable se voulait la réponse, non au repli de celui de l'époque monarchiste du fait de la censure, mais à celui qui s'auto-exclut de la vie de cité, sa limite résidait dans l'absence de référents de l'engagement direct tels Michel de Montaigne maire de Bordeaux, Alphonse de Lamartine ministre du gouvernement provisoire après la Révolution de 1848 et Jules Vallès membre de la Commune de Paris. La collection *figures de l'engagement* repose dès lors sur quatre niveaux d'approche, le premier étant originellement celui de Montaigne. L'engagement semi-direct, celui de l'écrivain député type Benjamin Constant, bute sur sa limite indiquée par Proudhon après son élection en 1848 : « *Depuis que j'avais mis le pied sur le Sinaï parlementaire, j'avais cessé d'être en rapport avec les masses.* » Il hérite alors du troisième niveau : la théorisation d'un système politique qui procède de la fiction utopique, car rédiger une loi impose d'en mesurer les tenants et aboutissants, faute de quoi la théorie peut produire des détournements dans l'application comme celles de Jean-Jacques Rousseau par Pol Pot et de Marx par l'axe Lénine-Trotski-Staline. Sartre, pour sa part, appartient au quatrième niveau : la critique sociale sans solution alternative parce que sans engagement direct.

Partant du principe que sans l'activité économique l'État n'existe pas et que le socialisme réel passe de ce fait par la démocratie sur son lieu de travail par principe autogestionnaire de délibération, de prise des décisions et de leur application, après son association sur base de l'utile paysan (*le* politique) à Boussac, Leroux était devenu maire de ce village (*la* politique). Prendre Montaigne pour référent se limite donc à ce dernier rôle qui l'avait confronté au quotidien, ainsi qu'il l'écrit, aux « *tracasseries* » posées par ses administrés, s'ensuit que sa responsabilité impliquait leur résolution. De plus, la seconde édition des *Essais* en 1588 le prouve, il a repris l'écriture sinon pendant au moins après cette activité et, forcément, son expérience politique l'a nourrie. Il ne s'agit pas plus d'avancer que, comme lui, le référent est l'élu bénévole d'autant qu'il a bénéficié, grâce à ses propriétés personnelles, de revenus lui permettant de l'être et qu'il n'eut donc pas besoin de droits d'auteur. En ce sens il n'est que le devancier des rentiers que seront Flaubert et André Gide – une des références de Sartre.

Les vraies *figures de l'engagement* présupposent une activité économique rémunératrice puisque, comme il en va dans l'agriculture, la nécessité de se nourrir au quotidien bute sur durée du processus de création qui renvoie la rémunération après la vente. Ainsi, au début du XIXe siècle, le rejet des subventions aliénantes de l'Ancien Régime vit-il dans le journalisme une solution d'avenir parce que les écrivains étaient payés à la ligne presque immédiatement. De plus, la presse prit son essor grâce à eux, d'abord au travers de leur capacité à faire visualiser des situations à une époque où la photographie n'existait pas, ensuite du fait que le roman-feuilleton lui garantissait la fidélisation d'un peuple peu intéressé par l'évocation quotidienne des événements et, dès lors, peu disposé à s'abonner. D'Honoré de Balzac à Zola en passant par Guy de Maupassant et Vallès, les écrivains de renom ont construit sur le journalisme leur activité de romanciers de même qu'ils ont trouvé dans l'actualité les ressources pour inventer le roman réaliste, surtout quand l'engagement y témoigne du réel social – l'inverse de la littérature de Sartre noyée dans la fiction.

L'essentiel est donc de constater que si, depuis la nuit des temps littéraires, l'auto-financement provient d'un métier garant de la conservation alimentaire de soi, il est la condition de la vraie liberté d'expression qui, par conséquent, ne passe que par le statut d'écrivain amateur.

Sommaire